DIREITO ADMINISTRATIVO DOS DESASTRES

O USO DE DENÚNCIAS PARA A REDUÇÃO DE RISCOS

JULIA CAROLINA MALACRIDA DE PÁDUA

Prefácio
Juliana Bonacorsi de Palma

DIREITO ADMINISTRATIVO DOS DESASTRES
O USO DE DENÚNCIAS
PARA A REDUÇÃO DE RISCOS

Belo Horizonte

2024

© 2024 Editora Fórum Ltda.

É proibida a reprodução total ou parcial desta obra, por qualquer meio eletrônico, inclusive por processos xerográficos, sem autorização expressa do Editor.

Conselho Editorial

Adilson Abreu Dallari	Floriano de Azevedo Marques Neto
Alécia Paolucci Nogueira Bicalho	Gustavo Justino de Oliveira
Alexandre Coutinho Pagliarini	Inês Virgínia Prado Soares
André Ramos Tavares	Jorge Ulisses Jacoby Fernandes
Carlos Ayres Britto	Juarez Freitas
Carlos Mário da Silva Velloso	Luciano Ferraz
Cármen Lúcia Antunes Rocha	Lúcio Delfino
Cesar Augusto Guimarães Pereira	Marcia Carla Pereira Ribeiro
Clovis Beznos	Márcio Cammarosano
Cristiana Fortini	Marcos Ehrhardt Jr.
Dinorá Adelaide Musetti Grotti	Maria Sylvia Zanella Di Pietro
Diogo de Figueiredo Moreira Neto (*in memoriam*)	Ney José de Freitas
Egon Bockmann Moreira	Oswaldo Othon de Pontes Saraiva Filho
Emerson Gabardo	Paulo Modesto
Fabrício Motta	Romeu Felipe Bacellar Filho
Fernando Rossi	Sérgio Guerra
Flávio Henrique Unes Pereira	Walber de Moura Agra

FÓRUM
CONHECIMENTO JURÍDICO

Luís Cláudio Rodrigues Ferreira
Presidente e Editor

Coordenação editorial: Leonardo Eustáquio Siqueira Araújo
Aline Sobreira de Oliveira
Revisão: Pauliane Coelho
Capa e projeto gráfico: Walter Santos
Diagramação: João Oliveira

Rua Paulo Ribeiro Bastos, 211 – Jardim Atlântico – CEP 31710-430
Belo Horizonte – Minas Gerais – Tel.: (31) 99412.0131
www.editoraforum.com.br – editoraforum@editoraforum.com.br

Técnica. Empenho. Zelo. Esses foram alguns dos cuidados aplicados na edição desta obra. No entanto, podem ocorrer erros de impressão, digitação ou mesmo restar alguma dúvida conceitual. Caso se constate algo assim, solicitamos a gentileza de nos comunicar através do *e-mail* editorial@editoraforum.com.br para que possamos esclarecer, no que couber. A sua contribuição é muito importante para mantermos a excelência editorial. A Editora Fórum agradece a sua contribuição.

Dados Internacionais de Catalogação na Publicação (CIP) de acordo com ISBD

P125d   Pádua, Julia Carolina Malacrida de
         Direito administrativo dos desastres: o uso de denúncias para a redução
   de riscos / Julia Carolina Malacrida de Pádua. Belo Horizonte: Fórum, 2024.

         164 p. 14,5x21,5cm
         il. color

         ISBN impresso 978-65-5518-847-9
         ISBN digital 978-65-5518-841-7

         1. Desastres. 2. Redução do risco de desastres. 3. Regulação. 4. Canais
   de denúncia. 5. Ouvidorias públicas federais. I. Título.

                                                CDD: 342
                                                CDU: 342

Ficha catalográfica elaborada por Lissandra Ruas Lima – CRB/6 – 2851

Informação bibliográfica deste livro, conforme a NBR 6023:2018 da Associação Brasileira de Normas Técnicas (ABNT):

PÁDUA, Julia Carolina Malacrida de. *Direito administrativo dos desastres: o uso de denúncias para a redução de riscos*. Belo Horizonte: Fórum, 2024. 164 p. ISBN 978-65-5518-847-9.

A Elenir e Jorge, por todo o apoio e a paciência. Obrigada por serem os primeiros a acreditar em mim.

LISTA DE ABREVIATURAS E SIGLAS

ANA — Agência Nacional de Águas e Saneamento Básico
ANAC — Agência Nacional de Aviação Civil
ANEEL — Agência Nacional de Energia Elétrica
ANM — Agência Nacional de Mineração
ANTAQ — Agência Nacional de Transportes Aquaviários
ANTT — Agência Nacional de Transportes Terrestres
ANP — Agência Nacional do Petróleo, Gás Natural e Biocombustíveis
AIR — Análise de Impacto Regulatório
AGNU — Assembleia Geral das Nações Unidas
CRI — Categoria de Risco
CEMADEN — Centro de Monitoramento e Alertas de Desastres Naturais
CENAD — Centro Nacional de Gerenciamento de Riscos e Desastres
Cobrade — Classificação e Codificação Brasileira de Desastres
CNEN — Comissão Nacional de Energia Nuclear
CONPDEC — Conselho Nacional de Proteção e Defesa Civil
CGU — Controladoria-Geral da União
Cedecs — Coordenadorias Estaduais de Defesa Civil
DPA — Dano Potencial Associado
DIRDN — Década Internacional para Redução dos Desastres Naturais
DNPM — Departamento Nacional de Produção Mineral
Funcap — Fundo Especial para Calamidades Públicas
UNDRR — Gabinete das Nações Unidas para a Redução do Risco de Desastre
Geacap — Grupo Especial para Assuntos de Calamidades Públicas
LAI — Lei de Acesso à Informação
MP — Medida Provisória
MMOuP — Modelo de Maturidade em Ouvidoria Pública
ONU — Organização das Nações Unidas
OCDE — Organização para a Cooperação e Desenvolvimento Econômico
OGU — Ouvidoria-Geral da União
PAE — Plano de Ação de Emergência
PSB — Plano de Segurança de Barragem
PPA — Plano PluriAnual
PNDC — Política Nacional de Defesa Civil
PNPDEC — Política Nacional de Proteção e Defesa Civil
PNSB — Política Nacional de Segurança de Barragens
PNUD — Programa das Nações Unidas para o Desenvolvimento
PL — Projeto de Lei
RRD — Redução de Riscos de Desastres
RPSB — Revisão Periódica de Segurança de Barragens
Sedec — Secretaria Nacional de Proteção e Defesa Civil
SIC — Serviço de Informações ao Cidadão
SIGBM — Sistema Integrado de Gestão em Segurança de Barragens de Mineração

LISTA DE ABREVIATURAS E SIGLAS

S2ID	Sistema Integrado de Informações sobre Desastres
SINPDEC	Sistema Nacional de Proteção e Defesa Civil
TCU	Tribunal de Contas da União

LISTA DE FIGURAS

Figura 1   Acidentes normais, acidentes epistêmicos e desastres
Figura 2   Ciclo de desastres: fases para redução do risco e gestão do desastre
Figura 3   Classificação Cobrade para desastres naturais e tecnológicos
Figura 4   Órgãos fiscalizadores de barragens no Brasil
Figura 5   Sistemas de alerta
Figura 6   Denúncia, relato e manifestação
Figura 7   Fluxo do tratamento de manifestações

LISTA DE QUADROS

Quadro 1   Estratégias para a redução do risco de desastres

Quadro 2   Estratégias para a redução do risco de desastres adotadas pela legislação brasileira

Quadro 3   Tipologia de manifestações destinadas a ouvidorias públicas

Quadro 4   Medidas de proteção conforme o perfil do manifestante

SUMÁRIO

PREFÁCIO
Juliana Bonacorsi de Palma 15

INTRODUÇÃO 19

CAPÍTULO 1
DESASTRES, RISCOS E CICLO DE DESASTRES 25
1.1   Conceitos e terminologia dos desastres 25
1.2   As concepções de riscos presentes no ordenamento
brasileiro 33
1.3   Quais são os conceitos-chave para a discussão sobre
desastres? 37

CAPÍTULO 2
DA ENGENHARIA PARA O DIREITO: REGULAÇÃO
PARA A REDUÇÃO DO RISCO DE DESASTRES 41
2.1   Regulamentação internacional de parâmetros para
a redução de risco de desastres 47
2.2   A evolução da regulação para a redução do risco de
desastres no Brasil 51
2.1.1   A regulamentação da Defesa Civil para a redução de riscos
de desastres 51
2.1.2   A regulamentação sobre segurança de barragens no
Brasil 57
2.3   Os caminhos da regulação nacional e internacional para a
redução do risco de desastres 70

CAPÍTULO 3
CONSTRUÇÃO DE ESTRATÉGIAS E MEDIDAS
PARA A REDUÇÃO DO RISCO DE DESASTRES
ATRAVÉS DA REGULAÇÃO 73
3.1   Medidas tradicionais de comando e controle para a
redução do risco de desastres 75

3.2 Alternativas regulatórias baseadas na participação e colaboração para a redução do risco de desastres 79

3.3 Estratégias tradicionais e alternativas regulatórias adotadas pela legislação brasileira para a redução de risco de desastres 100

CAPÍTULO 4
CANAIS DE DENÚNCIA COMO FERRAMENTA PARA A REDUÇÃO DO RISCO DE DESASTRES 103

4.1 Ouvidorias públicas como ferramenta para a participação 104

4.2 Ouvidorias públicas em agências reguladoras como ferramenta para a redução do risco de desastres 113

4.2.1 A evolução da regulamentação de canais de denúncia e de ouvidorias públicas no Brasil 114

4.2.2. Risco de desastres como tema de manifestações feitas a ouvidorias 116

4.2.3 Quem é o manifestante ou quem pode relatar 125

4.2.4 Canais de denúncia e acessibilidade da comunicação com as ouvidorias 127

4.2.5 Tratamento da manifestação pelas unidades de ouvidoria 131

4.2.6 Medidas de proteção, garantias e incentivos ao manifestante 135

4.3 Possibilidades e desafios para a atuação de ouvidorias públicas como estratégia de redução de risco de desastres 141

CONCLUSÃO 147

REFERÊNCIAS 153

PREFÁCIO

Apresentar pessoas é uma importante parte da vida acadêmica. Noticiamos autores em notas de rodapé e referências bibliográficas; preparamos diversas cartas de recomendação; apresentamos e prefaciamos livros; indicamos nomes para as mais diversas oportunidades. Nada é burocrático. Toda a graça está nas pessoas. Por isso, a academia deve sempre integrar, acolher as diferenças e ser amistosa para extrair o melhor de cada um em benefício do coletivo. Sou verdadeiramente privilegiada em conhecer a JULIA CAROLINA MALACRIDA DE PÁDUA e redigir seu primeiro prefácio.

* * * * *

Recebemos mais de cem currículos de alunos interessados nas vagas de estágio na pesquisa sobre programa de reportantes contra a corrupção no Brasil (*whistleblowing*), inclusive o da JULIA, então aluna da Faculdade de Direito da USP e com interessante experiência junto à Procuradoria do Município de São Paulo no combate a esquemas de corrupção. Embora eu tivesse ficado muitíssimo impressionada, ela logo faria uma viagem à Itália e não pude lhe oferecer a vaga de estágio. Vendo o desapontamento da JULIA e já percebendo naqueles dez minutos de conversa todo o seu potencial, ofereci a ela a posição de "pesquisadora voluntária" – verdade seja dita, criada naquele exato momento. JULIA aceitou no ato.

Pouco tempo depois, e após algumas trocas de mensagem, JULIA me enviou uma pesquisa absolutamente impecável sobre *whistleblowing* na Itália e na União Europeia: catálogo das obras de referência, explicação detalhada do processo legislativo da *Legge*, mapeamento do estado da arte dos debates e estruturação dos pontos que deveriam ser endereçados para viabilizar uma boa análise comparada. Quando ela retornou ao Brasil, tive dimensão das condições de pesquisa. JULIA não estava tão próxima às

Universidades nem falava italiano. Mesmo assim, e sem qualquer remuneração, ela foi pesquisar nas bibliotecas e trabalhou arduamente para apresentar um resultado primoroso, que jamais alguém diria ter sido feito por um graduando. JULIA não é apenas resultado, mas verdadeira entrega. Na pesquisa de *whistleblowing*, ela se destacou e teve um papel decisivo na sua conclusão. Na sequência, foi convidada para ser estagiária do GRUPO PÚBLICO da FGV, onde pôde aprimorar ainda mais suas qualidades de pesquisadora e vivenciar a academia *de dentro*, com todos os seus louros e exigências. Nenhum grande obstáculo para JULIA. Seu talento para a pesquisa a levou para o Projeto Rio Doce da FGV, voltado a identificar e mensurar os danos socioeconômicos da tragédia de Mariana pelo rompimento da Barragem de Fundão, em 2015. Nessa iniciativa, JULIA vivenciou as dores de um desastre e a falibilidade do Estado, que fora incapaz de prevenir a maior tragédia ambiental no Brasil com perda de vidas humanas, restando apenas a contagem de valores de indenização.

A obra *Direito administrativo dos desastres: o uso de denúncias para a redução de riscos* resulta de uma bem-sucedida dissertação de mestrado desenvolvida no âmbito do Mestrado Acadêmico da FGV Direito-SP, sob a sempre privilegiada orientação do Professor CARLOS ARI SUNDFELD. Hoje o leitor tem em mãos mais do que um livro de referência. Trata-se de uma obra que desbrava nova linha de pesquisa no Direito Administrativo e à qual temos dado baixíssima atenção: a prevenção de catástrofes.

De um modo geral, desastres são juridicamente analisados pelo Direito Administrativo em uma perspectiva *ex post*, dentro da agenda da responsabilidade administrativa ou do poder de polícia nas atividades de fiscalização e sanção. JULIA congrega todo o seu conhecimento acumulado na pesquisa de *whistleblowing* e no Projeto Rio Doce para propor uma necessária chave de otimização das medidas estatais preventivas de desastres. Participação e controle social nessa seara não são triviais. Recorrentemente, os particulares detêm informações e sabedoria sobre determinada atividade de risco, podendo alertar sobre potencial ocorrência de catástrofe para que o Poder Público tome as medidas preventivas necessárias. Essa dinâmica pode ser juridicamente ordenada, como propõe a já difundida agenda do *catastrophe-avoiding regulation* (*cf.* CHARLES SABEL) que ainda começa a ser estudada no Brasil (*cf.* KARINA DENARI). A grande contribuição da JULIA está em propor um arranjo jurídico de prevenção de catástrofes com base no ferramental de Direito Administrativo brasileiro.

JULIA parte do acertado pressuposto de que as Ouvidorias podem ser autêntico canal de comunicação entre autoridades públicas e particulares para recebimento dos relatos que levem à prevenção de desastres. Sua valiosa pesquisa empírica está em aferir se, de fato, as Ouvidorias têm desenvolvido esse papel. Para essa mensuração, JULIA analisou a estrutura e o funcionamento das Ouvidorias das Agências Reguladoras de infraestrutura federais quanto ao recebimento de manifestações relacionadas a desastres. Estudou fontes primárias, como relatórios institucionais, colecionou respostas aos pedidos de acesso à informação pública e fez entrevistas. Constatou fundamentadamente a dificuldade de as Ouvidorias lidarem com denúncias de desastres. Embora ainda seja jovem acadêmica, JULIA é uma das grandes autoridades do desastre de Mariana, e suas reflexões foram muito bem embasadas nas dificuldades reais vivenciadas no Projeto Rio Doce. Assim, propôs parâmetros para o aprimoramento das Ouvidorias de modo que possam efetivamente servir de canal para recebimento de relatos úteis à prevenção de desastres.

Certamente, a leitura do livro *Direito administrativo dos desastres: o uso de denúncias para a redução de riscos* será de grande proveito e aprendizado sobre a governança pública para a prevenção de desastres. Diante dos agouros que o século XXI pode fatidicamente nos reservar, a interface entre Direito Administrativo e prevenção de desastres nunca foi tão necessária. JULIA nos oferece o caminho certo para percorrer esse desafio. Eis uma obra que motiva. Ninguém termina o livro da mesma forma que começou. JULIA tem um alerta importante a fazer, e precisamos ouvir com atenção: o Direito Público precisa ser funcionalizado para o interesse público de zelar pela vida e pelo meio ambiente e para a dignidade pela prevenção de desastres.

* * * * *

Estou certa de que a publicação deste primeiro livro é apenas um promissor começo. JULIA tem todos os predicados que se pode esperar de uma jovem acadêmica – quem já teve o privilégio da sua convivência, conhece sua inteligência arguta, sofisticação, força de trabalho, capacidade de pesquisa, senso de responsabilidade e escrita marcante. Acompanhar o desenvolvimento da JULIA em cada uma das suas fases acadêmicas, de graduanda a autora, tem um significado especial para mim. Vai, JULIA, mudar o mundo.

São Paulo, novembro' de 2023.

Juliana Bonacorsi de Palma
Mestre e Doutora pela Faculdade de Direito da USP. Master of Laws pela Yale Law School. Visiting scholar na Washington College of Law – American University. Professora e pesquisadora da FGV Direito-SP na área de Direito Público e Regulação. Coordenadora do Grupo Público da FGV Direito-SP e colaboradora da SBDP.

INTRODUÇÃO

Com a complexificação das atividades humanas, há uma percepção de que os desastres se tornam cada vez mais recorrentes. Desastres trazem impactos humanos, ambientais e socioeconômicos. Não há dúvidas de que os custos são altos e, por vezes, irremediáveis. Conforme apontado pela Organização das Nações Unidas (ONU), nos últimos 20 anos, somente os desastres naturais, como ciclones, furacões e terremotos, afetaram 4,4 bilhões de pessoas, ceifando 1,3 milhão de vidas e causando perdas econômicas na ordem de 2 trilhões de dólares, atingindo principalmente pessoas em situação de maior vulnerabilidade.[1]

O cenário não é diferente no Brasil. Conforme dados da Secretaria Nacional de Proteção e Defesa Civil (Sedec) e da Universidade de Santa Catarina, nos últimos 30 anos, foram validadas no Sistema Integrado de Informações sobre Desastres (S2ID) 63.643 ocorrências de desastres, tendo 5.182 municípios apresentado pelo menos um registro. No total, foram contabilizadas 7.865.416 pessoas desabrigadas e desalojadas, 4.307 óbitos e mais de 3 milhões de habitações destruídas ou danificadas. Os danos materiais e prejuízos foram em média de R$ 18,26 bilhões por ano.[2] Dados do Banco Mundial considerando os registros de desastres do S2ID de 1995 até 2019 informam danos e prejuízos totais na ordem de R$ 333,36 bilhões.[3]

---

[1] PNUD, United Nations Development Programme; IFRC, International Federation of Red Cross and Red Crescent Societies. *Effective law and regulation for disaster risk reduction*: a multi country report. 2014. p. 2; FUNDAÇÃO GETULIO VARGAS. *Parâmetros para a Priorização no Contexto de Desastres com Base em Critérios de Severidade e Vulnerabilidade*. Rio de Janeiro; São Paulo: FGV, 2021s.

[2] Ministério do Desenvolvimento Regional. Secretaria Nacional de Proteção e Defesa Civil. Universidade Federal de Santa Catarina. Centro de Estudos e Pesquisas em Engenharia e Defesa Civil. *A P&DC e os 30 anos de desastres no Brasil*: (1991 – 2020) / Ministério do Desenvolvimento Regional, Secretaria Nacional de Proteção e Defesa Civil, Universidade Federal de Santa Catarina, Centro de Estudos e Pesquisas em Engenharia e Defesa Civil. Florianópolis: Fepese, 2022. p. 27.

[3] BANCO MUNDIAL. Global Facility for Disaster Reduction and Recovery. Fundação de Amparo à Pesquisa e Extensão Universitária. Universidade Federal de Santa Catarina.

Além dos chamados desastres naturais, o país enfrentou grandes desastres tecnológicos, decorrentes das atividades humanas nos últimos anos, como foram, por exemplo, os casos de rompimentos de barragens de rejeitos de minério em Minas Gerais, nos anos de 2015 e 2019, e o afundamento do solo em Alagoas a partir de 2018.

A gestão de desastres no Brasil ainda é fortemente centrada na resposta, na recuperação e na reconstrução após a ocorrência de eventos danosos de grande proporção. Entretanto, uma importante mudança de paradigma no tratamento dos desastres diz respeito ao entendimento de que eles se tornaram uma das principais ameaças ao desenvolvimento sustentável em escala global, mas *são evitáveis*.[4]

A ideia da prevenção ou redução do risco de desastres está ligada à percepção de que esses eventos não acontecem abruptamente, mas são um processo que resulta do surgimento e agravamento de riscos ao longo do tempo, podendo ser evitados se identificados e corrigidos previamente. Em outras palavras, há medidas que podem ser tomadas preventivamente para que desastres não aconteçam ou para que tenham seus impactos mitigados. O paradigma da redução de riscos é adotado expressamente pela legislação brasileira (Lei n. 12.608/2012, art. 2º, §2º).

Tanto no panorama internacional quanto no nacional, o direito foi ganhando destaque na gestão e redução de riscos. No processo de construção das medidas para a redução de riscos de desastres, destaca-se o papel da regulação para previsão de medidas estruturais, ligadas ao fortalecimento de infraestruturas, e não estruturais, que tratam da governança que compõe a gestão de desastres.[5] Portanto, a regulação tem um papel importante para a redução de risco de desastres.

Centro de Estudos e Pesquisas em Engenharia e Defesa Civil. *Relatório de danos materiais e prejuízos decorrentes de desastres naturais no Brasil*: 1995 – 2019 / Banco Mundial. Global Facility for Disaster Reduction and Recovery. Fundação de Amparo à Pesquisa e Extensão Universitária. Centro de Estudos e Pesquisas em Engenharia e Defesa Civil. [Organização Rafael Schadeck] 2. ed. Florianópolis: FAPEU, 2020. p. 24.

[4] PNUD, United Nations Development Programme; IFRC, International Federation of Red Cross and Red Crescent Societies. *Effective law and regulation for disaster risk reduction*: a multi country report. 2014. p. 2.

[5] SULAIMAN, Samia Nascimento *et al.* Da teoria à prática: Como evoluíram as visões e as aplicações sobre a Gestão de Riscos e Desastres. *In*: Samia Nascimento Sulaiman (Org.). *GIRD+10*: caderno técnico de gestão integrada de riscos e desastres. Brasília: Ministério do Desenvolvimento Regional: Secretaria Nacional de Proteção e Defesa Civil, 2021. p. 21;

No Brasil, as últimas décadas foram marcadas por uma profusão de instrumentos normativos editados em resposta à ocorrência de desastres. Entre eles, são destaques a Política Nacional de Proteção e Defesa Civil (PNPDEC), estabelecida na Lei n. 12.608/2012, e a Política Nacional de Segurança de Barragens (PNSB), estabelecida na Lei n. 12.334/2010.

As duas políticas estabelecem uma série de medidas para a redução de riscos de desastres no Brasil. Tais medidas estão inseridas em uma discussão da literatura sobre a importância do fortalecimento da participação e colaboração de particulares com a administração pública para a redução de riscos de desastres.

Nesse contexto, reconhece-se o papel de agências reguladoras para viabilizar e fortalecer o processo regulatório, permitindo a construção de novas propostas, para além das medidas tradicionais de comando e controle, baseadas na participação e colaboração entre agentes públicos e privados para a redução de riscos de desastres.

Entre as medidas previstas pela PNSB que visam ao fortalecimento da participação, está a disponibilização de canais de denúncia para a comunicação de riscos aos órgãos responsáveis pela fiscalização de barragens (Lei n. 14.334/2010, art. 5º, §3º), o que inclui, entre outros agentes, três agências reguladoras federais: a Agência Nacional de Energia Elétrica (ANEEL), a Agência Nacional de Águas e Saneamento Básico (ANA) e a Agência Nacional de Mineração (ANM).

Essa obrigação é concretizada por meio de ouvidorias, que fazem a gestão de diferentes canais e o tratamento das manifestações recebidas.

A Lei n. 13.460/2017 regulamenta a participação, proteção e defesa dos direitos do usuário dos serviços públicos da administração pública, dispondo sobre diferentes mecanismos de participação na administração, incluindo conselhos de usuários e ouvidorias públicas. Assim, a legislação brasileira confere às ouvidorias um duplo papel: (i) o de viabilizar a participação dos usuários de serviços públicos na administração pública através do

---

CARVALHO, Délton Winter de; DAMACENA, Fernanda dalla Libera. Teoria Geral dos Desastres. *In:* CARVALHO, Délton Winter de; DAMACENA, Fernanda dalla Libera. *Direito dos desastres.* Porto Alegre: Livraria do Advogado Editora, 2013. p. 58-59.

recebimento e tratamento de manifestações e (ii) o de contribuir para a melhora na prestação desses serviços através da análise e da sistematização dos gargalos identificados. Essas balizas também se aplicam a unidades de ouvidorias em agências reguladoras.

Tendo em vista o reconhecimento pela legislação e literatura quanto à importância da atuação de ouvidorias públicas em agências reguladoras federais de infraestrutura para a redução de riscos de desastres no Brasil, conforme o argumento reconstruído nos primeiros capítulos deste texto, este trabalho busca compreender se esse papel é cumprido na prática.

Para isso, primeiramente, buscou-se identificar se os canais disponibilizados pelas ouvidorias em agências reguladoras recebem manifestações relativas a riscos ou a ocorrências de desastres feitas por agentes regulados ou cidadãos. Em seguida, foi preciso entender se esses canais estariam aptos para o recebimento e o tratamento de tais manifestações de forma adequada, caso elas venham a ocorrer.

Considerando que as ouvidorias públicas em agências reguladoras federais podem contribuir para viabilizar a participação da sociedade civil, dos usuários de serviços públicos e de agentes regulados na regulação estatal, busca-se verificar se a atuação desses mecanismos contribui com a redução de riscos de desastres no Brasil.

Parte-se da hipótese de que ouvidorias podem representar uma ferramenta para o fortalecimento da governança para a gestão de desastres através da participação e do controle social, constituindo uma medida não estrutural de redução de riscos, mas que esse mecanismo ainda é pouco explorada e não tem o seu potencial realizado.

Extrapolando a obrigação legal de manutenção de canais de denúncia pelas agências reguladoras citadas anteriormente na PNSB, quais sejam, ANEEL, ANA e ANM, também foram incluídas na análise outras unidades de ouvidoria de agências reguladoras de infraestrutura, quais sejam: a Agência Nacional de Aviação Civil (ANAC), a Agência Nacional do Petróleo, Gás Natural e Biocombustíveis (ANP), a Agência Nacional de Transportes Aquaviários (ANTAQ), e a Agência Nacional de Transportes Terrestres (ANTT).

A análise feita está dividida nos seguintes capítulos: o primeiro capítulo trata dos conceitos de desastre e riscos de desastres. É apresentada a noção de ciclo de desastres, com destaque para a importância da fase de prevenção, que olha para os riscos a fim de buscar medidas para a sua mitigação. Também se discutem as concepções de riscos na literatura e no direito brasileiro, tendo em vista que não há um consenso sobre a possibilidade e a oportunidade de agir sobre eles.

No segundo capítulo, busca-se entender o papel do direito em estratégias para a redução de risco de desastres. O olhar para as causas de desastres permite perceber que, se desastres tecnológicos têm origem em falhas na infraestrutura, também há um componente organizacional e humano na sua ocorrência. A compreensão disso reforçou progressivamente um processo de regulamentação dos riscos pelo direito.

Nesse contexto, alguns marcos normativos internacionais passaram a olhar para o papel do direito na redução do risco de desastres, deixando para os Estados a responsabilidade de implementar tais medidas internamente.

O segundo capítulo também tem por objetivo mapear a evolução da legislação ligada à redução de riscos de desastres no Brasil. No quadro normativo desenhado, destacam-se a regulamentação da Defesa Civil e da segurança de barragens como processos complementares e que constroem uma governança institucional para a gestão de desastres.

De maneira convergente com a regulamentação nacional e internacional de estratégias para a redução do risco de desastres, também a literatura sobre a regulação se voltou para a discussão de diferentes mecanismos jurídicos que poderiam corroborar com esse objetivo. O terceiro capítulo parte de uma incursão nessa literatura para mapear e sistematizar tais estratégias, com foco em medidas não estruturais de redução de riscos. Percebe-se uma tendência de valorização da participação como componente importante dessas estratégias.

Por fim, o quarto capítulo olha especificamente para as ouvidorias de agências reguladoras federais de infraestrutura. Juntamente com uma análise sobre o tema de ouvidorias públicas como instrumento de participação e o desenho do quadro normativo que regulamenta a atuação de ouvidorias e canais de denúncia no Brasil, esse capítulo traz os resultados do estudo empírico realizado.

CAPÍTULO 1

DESASTRES, RISCOS E CICLO DE DESASTRES

Desastres sempre existiram ao longo da história, mas o sentido dado a eles pela literatura foi se modificando. Se, na era medieval, eles eram acontecimentos atribuídos a razões divinas ou ao destino, com o tempo, passou-se a ter a compreensão de que esses também são fenômenos ligados à ação humana.[6]

A conceituação sempre foi um elemento chave da discussão. Ao longo das décadas, foi se desenvolvendo a discussão sobre o que pode ou não ser considerado um *desastre*, um *acidente* ou uma *catástrofe*. Concepções distintas sobre riscos e responsabilidades dificultam a pacificação em torno da terminologia dos desastres, tendo o conceito sido alvo de um longo debate.

Este capítulo faz uma imersão nesse debate e apresenta diferentes conceitos de desastres, riscos e a noção de ciclo de desastres, com destaque para a importância da fase de prevenção. Também se discutem as concepções de riscos na literatura e no direito brasileiro, tendo em vista que não há um consenso sobre a possibilidade e a oportunidade de agir sobre eles.

1.1 Conceitos e terminologia dos desastres

Na década de 1980, Charles Perrow foi um dos autores que se debruçaram sobre o tema dos riscos de desastres. O autor argumenta

---

[6] CARVALHO, Délton Winter de; DAMACENA, Fernanda dalla Libera. Teoria Geral dos Desastres. *In*: CARVALHO, Délton Winter de; DAMACENA, Fernanda dalla Libera. *Direito dos desastres.* Porto Alegre: Livraria do Advogado Editora, 2013. Cap. 1. p. 21.

que as causas de alguns desastres são uma propriedade inevitável de alguns sistemas tecnológicos e não poderiam ser completamente evitadas.[7] A ideia dos *acidentes normais* cunhada por ele se baseia no argumento de que os riscos surgem mais rapidamente que as ferramentas para redução de danos e que, não importa o quão efetivos sejam os dispositivos de segurança criados, desastres com tecnologias de alto risco seriam inevitáveis.[8]

Em outras palavras, Perrow sugere que alguns acidentes resultam de falhas que ocorrem sem erros significativos, uma vez que nenhum sistema complexo pode funcionar sem pequenas falhas técnicas,[9] sejam falhas em sistemas operacionais ou parafusos soltos. Assim, sistemas livres de falhas não seriam sistemas sem nenhum problema ou componente defeituoso, mas sim sistemas resilientes, com tolerâncias a erros, redundâncias de peças e elementos de segurança que acomodam a operação tecnológica normal à qual as falhas são inerentes.[10]

Para Perrow, eventos e falhas aparentemente insignificantes às vezes interagem de maneira inesperada, causando os acidentes normais.[11] Destacam-se cinco características principais desses eventos: (i) eles são imprevisíveis e inevitáveis; (ii) são mais prováveis em sistemas complexos que funcionam de forma rápida e automatizada, com pouco espaço e oportunidade para intervenção humana voltada a identificar riscos e corrigi-los; (iii) é improvável que se repitam; (iv) eles raramente desafiam o conhecimento estabelecido, pois não trazem novas informações sobre falhas técnicas que podem ser tratadas e evitadas; e (v) eles não são edificantes, ou seja, há pouco a ser aprendido com eles.[12] [13]

---

[7] DOWNER, John. 737-Cabriolet: the limits of knowledge and the sociology of inevitable failure. *American Journal of Sociology*, Chicago, v. 117, n. 3, p. 725-762, nov. 2011. p. 731.

[8] PERROW, Charles. *Normal accidents*: living with high-risk technologies. New York: Basic Books, 1984. p. 3.

[9] DOWNER, John. 737-Cabriolet: the limits of knowledge and the sociology of inevitable failure. *American Journal of Sociology*, Chicago, v. 117, n. 3, p. 725-762, nov. 2011. p. 731-732.

[10] *Idem*, p. 732.

[11] *Idem, Ibidem.*

[12] *idem*, p. 733-734.

[13] A esse respeito, cita-se a crítica trazida por alguns autores sobre a *normalização dos perigos*, num processo de ocultação das causalidades que envolvem os riscos abstratos, e a

Downer defende que a categoria dos acidentes normais criada por Perrow é conceitualmente importante, mas limitada, pois não traz um aprendizado institucional de como reduzir o risco de que esses eventos aconteçam.[14] Na sua visão, entretanto, isso não seria um problema, na medida em que acontecimentos inevitáveis não são recorrentes. Downer entende que a questão central trazida por Perrow não é sugerir que todos os desastres sejam acidentes normais, considerando que o termo "normal" não conota um evento comum, mas um evento que ocorre dentro da normalidade ou do que é esperado.[15] Assim, haveria uma categoria de desastres inevitáveis em certos sistemas tecnológicos, não importa o quão bem gerenciados eles sejam.[16]

Downer argumenta que os engenheiros há muito entenderam que não se pode deduzir perfeitamente o desempenho de modelos tecnológicos e, por isso, fazem testes. Entretanto, testes estão sujeitos a limitações e não são capazes de prever todos os possíveis comportamentos desses sistemas.[17] Retrospectivamente, desastres como o caso envolvendo uma aeronave Aloha Airlines, em 1988, a partir do qual o autor tira as suas conclusões, parecem repletos de avisos antecipados. No entanto, o autor entende que, sem o conhecimento gerado após a sua ocorrência e análise, não haveria como prevê-los.[18]

Assim, Downer adiciona à categoria dos acidentes normais os *acidentes epistêmicos*, que se diferenciam dos primeiros por serem, a princípio, inevitáveis pelo estado da técnica existente, mas que permitem o aprimoramento e a aprendizagem, de forma a reduzir o risco de que eventos semelhantes se repitam.

---

consequente normalização dos desastres decorrente da concepção de que a concretização dos riscos negligenciados é inevitável. *Cf.* CARVALHO, Délton Winter de; DAMACENA, Fernanda dalla Libera. Teoria Geral dos Desastres. *In*: CARVALHO, Délton Winter de; DAMACENA, Fernanda dalla Libera. *Direito dos desastres*. Porto Alegre: Livraria do Advogado Editora, 2013. Cap. 1. p. 24.

[14] DOWNER, John. 737-Cabriolet: the limits of knowledge and the sociology of inevitable failure. *American Journal of Sociology*, Chicago, v. 117, n. 3, p. 725-762, nov. 2011. p. 735.

[15] *idem, Ibidem.*

[16] *idem*, p. 736.

[17] *Idem*, p. 747-748.

[18] *Idem*, p. 750.

Os acidentes epistêmicos têm as seguintes características: (i) eles são inevitáveis, porque tecnologias são desenvolvidas em torno de teorias, julgamentos e suposições falíveis;[19] (ii) são mais prováveis em sistemas altamente inovadores, que vão além da teoria e da técnica estabelecida;[20] (iii) são propensos à recorrência e não são aleatórios;[21] (iv) desafiam e revelam deficiências nos paradigmas existentes;[22] e (v) promovem o aperfeiçoamento dos sistemas existentes,[23] pois, diferentemente dos acidentes normais, os acidentes epistêmicos permitem melhorar a detecção de riscos futuros.[24]

Uma contribuição do argumento de Downer é, portanto, a compreensão de que pode haver riscos mais difíceis ou até impossíveis de detectar. Entretanto, uma vez que tais riscos se concretizem e desastres venham a ocorrer, é possível aprender com eles e evitar novas ocorrências.[25]

Perrow e Downer tratam dos desastres de uma perspectiva técnica que olha para os avanços de recursos tecnológicos e de engenharia. Entretanto, há também uma abordagem que traz os estudos sobre desastres para o campo das ciências sociais.

Downer considera que Barry Turner, ao pensar os fundamentos organizacionais das falhas tecnológicas, foi o responsável pela reformulação dos estudos sobre desastres a partir de uma perspectiva que os enxerga como problemas sociais, e não eminentemente técnicos.[26]

Diferentemente dos dois autores anteriores, Barry Turner entende ser improdutivo para a literatura sobre a redução do risco de desastres tratar de eventos inevitáveis com os recursos disponíveis ou tratar de desastres completamente imprevisíveis. O autor defende

---

[19] *Idem*, p. 752.
[20] *Idem*, p. 753.
[21] *Idem, Ibidem*.
[22] *Idem, Ibidem*.
[23] *Idem*, p. 754.
[24] *Idem*, p. 751.
[25] Nesse mesmo sentido, Julia Black chama a atenção para a importância da análise de desastres ocorridos em outros países, a fim de aprender com os erros e lições e evitar que sejam repetidos em outros lugares. *Cf.* BLACK, Julia. Learning from Regulatory Disasters. *LSE Law, Society and Economy Working Papers*, London, v. 1, n. 24, p. 1-18, 2014. p. 2.
[26] DOWNER, John. 737-Cabriolet: the limits of knowledge and the sociology of inevitable failure. *American Journal of Sociology*, Chicago, v. 117, n. 3, p. 725-762, nov. 2011. p. 730.

que, na prática, tais extremos são raros e, na maioria dos casos, a ocorrência de desastres é precedida de algum aviso, possibilitando a mitigação de riscos.[27]

Com base no descrito até aqui, podem ser estabelecidas as seguintes categorias propostas pelos autores:

Figura 1 – Acidentes normais, acidentes epistêmicos e desastres

Fonte: Elaboração própria.

Turner entende ainda que, embora falhas em pequena escala possam ser produzidas muito rapidamente, falhas em larga escala só podem ser produzidas com o tempo e a existência de condições propícias.[28] Nesse sentido, desastres não são encarados pelo autor como eventos repentinos, mas sim processos que resultam da acumulação despercebida de falhas, até que um evento leve ao início do desastre.[29]

Assim, se tais falhas em menor escala e possíveis riscos advindos da atividade organizacional forem identificados

---

[27] TURNER, Barry A. The Organizational and Interorganizational Development of Disasters. *Administrative Science Quarterly*, [s.l.], v. 21, n. 3, set. 1976. p. 379-380.
[28] *Idem*, p. 395.
[29] *Idem*, p. 378.

previamente, é possível agir sobre eles e evitar a ocorrência de eventos maiores e indesejáveis.

No mesmo sentido, Catherine H. Tinsley, Robin L. Dillon e Peter M. Madsen alertam que os *quase-acidentes*, pequenas falhas que permeiam os negócios do dia a dia, mas que não causam danos imediatos, são muito comuns e perniciosos. Para os autores, é comum que os avisos embutidos nessas falhas sejam ignorados ou até mal interpretados, sendo vistos como sinais de que os sistemas são resilientes e que as coisas estão indo bem. No entanto, esses eventos aparentemente inofensivos são frequentemente avisos importantes de que algo deve ser investigado e corrigido, pois, se as condições externas mudarem ligeiramente ou se a sorte não intervir, uma crise pode irromper.[30]

Assim, uma das principais mudanças de paradigma no tratamento dos desastres diz respeito ao entendimento de que eles se tornaram uma ameaça ao desenvolvimento sustentável em escala global, mas são evitáveis.[31] Em outras palavras, há medidas que podem ser tomadas preventivamente para que não aconteçam ou para que tenham seus impactos minimizados. A ideia da prevenção dos desastres está ligada à percepção de que esses eventos não acontecem abruptamente, mas são resultados da construção e do agravamento de riscos ao longo do tempo, podendo ser evitados se identificados e corrigidos previamente.

Esse entendimento aponta para uma concepção dos desastres como processos, não como o resultado de um evento danoso de grandes proporções. Nesse sentido, pode ser adotada a concepção de ciclo de desastres, que inclui a prevenção e a Redução de Riscos de Desastres (RRD) antes que eles ocorram e a gestão de desastres, que compreende medidas para minimizar e mitigar impactos adversos e reparar danos caso um desastre se concretize,[32] conforme ilustra a figura a seguir:

---

[30] *Cf.* TINSLEY, Catherine H.; DILLON, Robin L.; MADSEN, Peter M. *How to Avoid Catastrophe.* 2011.

[31] PNUD, United Nations Development Programme; IFRC, International Federation of Red Cross and Red Crescent Societies. *Effective law and regulation for disaster risk reduction*: a multi country report. 2014, p. 2.

[32] FUNDAÇÃO GETULIO VARGAS. *Parâmetros para uma Abordagem Baseada em Direitos Humanos para a Resposta e Reconstrução de Desastres Envolvendo Empresas.* Rio de Janeiro;

Figura 2 – Ciclo de desastres: fases para
redução do risco e gestão do desastre

Fonte: Elaboração própria com base em FGV (2019).

A noção de ciclo mostra que não há um marco zero dos desastres, mas eles são formados ao longo do tempo pelo agravamento de condições de vulnerabilidade, pela exposição e pela capacidade de resposta. A definição dada pela Organização das Nações Unidas (ONU) adota esse entendimento e define um desastre como uma grave perturbação do funcionamento de uma comunidade ou sociedade devido a eventos perigosos que interagem com condições já existentes de exposição, vulnerabilidade

---

São Paulo: FGV, 2019. p. 10-12; PNUD, United Nations Development Programme; IFRC, International Federation of Red Cross and Red Crescent Societies. *Effective law and regulation for disaster risk reduction*: a multi country report. 2014, p. 2.

e capacidade, levando a perdas ou impactos humanos, materiais, econômicos e ambientais.[33]

De forma muito semelhante, a legislação brasileira define desastres como o "resultado de evento adverso decorrente de ação natural ou antrópica sobre cenário vulnerável que cause danos humanos, materiais ou ambientais e prejuízos econômicos e sociais" (Decreto n. 10.593/2020,[34] art. 2º, VII).

No Brasil, a Lei n. 12.608/2012[35] incorpora o conceito de ciclo de desastres e dispõe que a Política Nacional de Proteção e Defesa Civil (PNPDEC) é composta por cinco fases: prevenção, mitigação, preparação, resposta e recuperação (art. 1º, caput). Apesar disso, na prática, prevalece a tônica nas duas últimas fases: resposta e recuperação dos desastres já ocorridos.

Dados do Tribunal de Contas da União (TCU) mostram que há um descompasso entre os investimentos em prevenção, mitigação e preparação em relação aos gastos com a resposta e a recuperação de desastres. De acordo com o painel informativo "Recursos para Gestão de Riscos e Desastres" elaborado e publicado pelo TCU em 2022, entre os anos de 2012 e 2022, R$ 14,98 bilhões foram empenhados e R$ 13,53 bilhões foram pagos ou transferidos às unidades federativas para ações de resposta e recuperação de desastres. Em contrapartida, foram empenhados R$ 7,64 bilhões e pagos ou transferidos R$5,83 bilhões para ações de prevenção no mesmo período.[36]

---

[33] UNITED NATIONS. *Report of the open-ended intergovernmental expert working group on indicators and terminology relating to disaster risk reduction.* 2016, p. 13; FUNDAÇÃO GETULIO VARGAS. *Parâmetros para uma Abordagem Baseada em Direitos Humanos para a Resposta e Reconstrução de Desastres Envolvendo Empresas.* Rio de Janeiro; São Paulo: FGV, 2019.

[34] BRASIL. *Decreto n. 10.593 de 24 de dezembro de 2020.* Dispõe sobre a organização e o funcionamento do Sistema Nacional de Proteção e Defesa Civil e do Conselho Nacional de Proteção e Defesa Civil e sobre o Plano Nacional de Proteção e Defesa Civil e o Sistema Nacional de Informações sobre Desastres.

[35] Institui a Política Nacional de Proteção e Defesa Civil – PNPDEC; dispõe sobre o Sistema Nacional de Proteção e Defesa Civil – SINPDEC e o Conselho Nacional de Proteção e Defesa Civil – CONPDEC; autoriza a criação de sistema de informações e monitoramento de desastres.

[36] TRIBUNAL DE CONTAS DA UNIÃO (TCU). *Recursos para Gestão de Riscos e Desastres.* Disponível em: https://www.tcu.gov.br/Paineis/_Pub/?workspaceId=77067ac5-ed80-45da-a6aa-c3f3fa7388e5&reportId=8c55a931-25b4-4d71-b645-bef3ab8249fc. Acesso em: 29 jan. 2023. O TCU considera que ações de resposta "compreendem medidas de socorro, assistência às populações vitimadas e reestabelecimento de serviços essenciais (ex.: água, cestas básicas, itens de higiene e limpeza urbana)", ações de recuperação "objetivam

A discussão sobre desastres permeia, portanto, argumentos sobre a possibilidade e a conveniência de agir sobre riscos. Nesse sentido, cabe avaliar como tais riscos são disciplinados pela legislação brasileira.

1.2 As concepções de riscos presentes no ordenamento brasileiro

De acordo com a definição da ONU, riscos são processos, fenômenos ou atividades humanas que podem causar perda de vidas, lesões ou outros impactos à saúde, danos à propriedade, perturbação social e econômica ou degradação ambiental.[37] Alguns riscos, uma vez concretizados e dependendo de sua gravidade, podem resultar em desastres.

Para fins de simplificação dessa terminologia, entende-se que os riscos podem ser de origem natural, antropogênica ou sócio-natural, incluindo processos e fenômenos biológicos, ambientais, geológicos, hidrometeorológicos e tecnológicos.[38] Os riscos criados por uma conduta ou atividade unicamente ou predominantemente humana são denominados antropogênicos ou tecnológicos.[39] Uma vez concretizados, eles dão origem a desastres tecnológicos que, na terminologia da ONU, são "originários de condições tecnológicas ou industriais, procedimentos perigosos, falhas na infraestrutura ou atividades humanas específicas".[40] Para fins de ilustração, alguns dos exemplos mais graves são derramamentos de petróleo, explosões de plataformas petrolíferas, ou rompimento de barragens.

---

restabelecer a situação de normalidade, envolvendo a reconstrução da infraestrutura danificada (ex.: pontes, bueiros e pequenas contenções)" e ações de prevenção compreendem a "execução de obras e empreendimentos de infraestrutura que objetivam prevenir ou reduzir a ocorrência de desastres".

[37] UNITED NATIONS. *Report of the open-ended intergovernmental expert working group on indicators and terminology relating to disaster risk reduction*. 2016. p. 18-19.

[38] *Idem, Ibidem.*

[39] CASSALI, Nina Koja. Desastres Ambientais: regulação e métodos de compensação. *Revista de Direito da Empresa e dos Negócios*, São Leopoldo, v. 2, n. 1, p. 113, 30 dez. 2017.

[40] UNITED NATIONS. *Report of the open-ended intergovernmental expert working group on indicators and terminology relating to disaster risk reduction*. 2016, p. 19.

Segundo a Instrução Normativa n. 01/2012[41] do Ministério da Integração Nacional, que estabelece a Classificação e Codificação Brasileira de Desastres (Cobrade), são desastres naturais "aqueles causados por processos ou fenômenos naturais", enquanto desastres tecnológicos são "originados de condições tecnológicas ou industriais, incluindo acidentes, procedimentos perigosos, falhas na infraestrutura ou atividades humanas específicas" (art. 7º, §§2º e 3º). A Cobrade traz a seguinte classificação para desastres:

Figura 3 – Classificação Cobrade para desastres naturais e tecnológicos

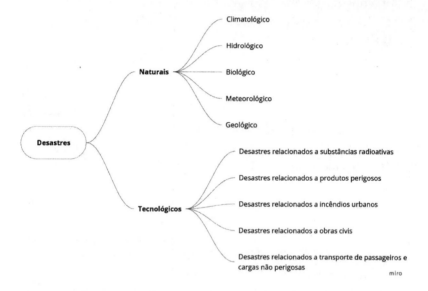

Fonte: Elaboração própria.

Apesar disso, essa distinção entre desastres naturais e decorrentes de atividades humanas é questionada na medida em que, frequentemente, desastres decorrem de uma sinergia de fatores naturais e antropogênicos (desastres mistos ou híbridos), sem que

---

[41] MINISTÉRIO DA INTEGRAÇÃO NACIONAL. *Instrução Normativa n. 1, de 24 de agosto de 2012*. Estabelece procedimentos e critérios para a decretação de situação de emergência ou estado de calamidade pública pelos Municípios, Estados e pelo Distrito Federal, e para o reconhecimento federal das situações de anormalidade decretadas pelos entes federativos e dá outras providências.

possa ser percebida uma prevalência de um aspecto ou outro, mas sim uma combinação de fatores.[42]

Para Carvalho e Damacena, mesmo que um evento tenha origem natural, a dimensão dos impactos de desastre será amplificada por fatores humanos[43] como a exposição, a situação de vulnerabilidade e a capacidade de reação e reconstrução das pessoas, territórios e estruturas atingidas.

Nesse sentido, agir sobre esses elementos através da construção de resiliência é agir sobre os riscos. Entretanto, conforme exposto, não há um consenso sobre a possibilidade de identificação de determinados riscos ou de ação prévia sobre eles. Muitas definições sobre desastres são construídas em volta de parâmetros como a dimensão dos danos ou estimativas sobre a gravidade dos riscos e a probabilidade de eles se concretizarem.

Para alguns autores, a gravidade de um risco deve considerar a probabilidade de que ele venha a se concretizar, tendo em vista que o controle rigoroso de riscos pouco prováveis resulta em um ônus à realização das atividades humanas. Cass Sustein, por exemplo, parte de uma perspectiva da economia comportamental para afirmar que a aversão a riscos, sem levar em conta a sua probabilidade, é ineficaz e pode ser paralisante.[44]

Por outro lado, para autores como Marta Simoncini, a noção de risco de desastres ainda é altamente descritiva, mas não compreende nenhuma categoria específica de riscos incertos. A autora defende que a noção de risco significativo deve compreender riscos que não podem ser aceitos pela sociedade não somente pela sua alta probabilidade de concretização, mas também porque representam uma ameaça à gestão ordinária das relações jurídicas, econômicas e políticas. Para ela, o conceito de *risco tolerável* deveria deixar de

---

[42] CARVALHO, Délton Winter de; DAMACENA, Fernanda dalla Libera. Teoria Geral dos Desastres. *In*: CARVALHO, Délton Winter de; DAMACENA, Fernanda dalla Libera. *Direito dos desastres*. Porto Alegre: Livraria do Advogado Editora, 2013. Cap. 1. p. 27; SARAIVA, Rute; SARAIVA, Jorge. A prevenção de desastres. *E-Pública*: Revista Eletrónica de Direito Público, Lisboa, v. 7, n. 2, p. 101, set. 2020.

[43] CARVALHO, Délton Winter de; DAMACENA, Fernanda dalla Libera. Teoria Geral dos Desastres. *In*: CARVALHO, Délton Winter de; DAMACENA, Fernanda dalla Libera. *Direito dos desastres*. Porto Alegre: Livraria do Advogado Editora, 2013. Cap. 1. p. 27.

[44] SUSTEIN, C. R. Para além do princípio da precaução. *Revista de Direito Administrativo*, [S. l.], v. 259, p. 11-71, 2012. p. 11-12.

ser uma análise meramente probabilística, baseada na chance de que um dano ocorra, passando a ser tomado como um conceito regulatório que afeta a eficácia das normas, tendo em vistas os danos que podem vir a ocorrer.[45]

Alguns autores alertam que, mesmo com avanços tecnológicos, a antecipação dos desastres estaria longe de uma redução do risco a zero ou de previsão certeira, ou seja, para além da identificação do risco, seria necessário equacionar uma margem de incerteza e até de ignorância.[46] Nesse contexto, se o conhecimento técnico-científico não basta no plano da prevenção, a redução de riscos passa a depender de escolhas jurídico-políticas, equacionando as vulnerabilidades para assegurar maior resiliência. Tendo isso em vista, e uma vez que os desastres se repetem, importa perceber a necessidade de aprendizado político e institucional com as experiências passadas.[47]

A legislação brasileira acolhe a concepção de risco em diferentes normas. A Instrução Normativa n. 36/2020[48] define risco de desastre como a "potencial de ocorrência de evento adverso sob um cenário vulnerável", enquanto a PNPDEC determina que "[a] incerteza quanto ao risco de desastre não constituirá óbice para a adoção das medidas preventivas e mitigadoras da situação de risco" (art. 2º, §2º).

De forma mais abrangente, o direito ambiental também trata dos riscos ao meio ambiente ecologicamente equilibrado, conforme previsto na Constituição Federal de 1988 (art. 225), para elaborar o princípio da precaução. Conforme explica Fernanda Reichardt, o princípio da precaução, derivado da doutrina alemã, tem como essência a ideia de que a sociedade pode evitar danos ambientais mediante o planejamento cauteloso de atividades que produzem

---

[45] SIMONCINI, Marta. Regulating Catastrophic Risks by Standards. *European Journal of Risk Regulation*, [s.l.], v. 2, n. 1, p. 37-50, mar. 2011. p. 38.

[46] SARAIVA, Rute; SARAIVA, Jorge. A prevenção de desastres. *E-Pública*: Revista Eletrónica de Direito Público, Lisboa, v. 7, n. 2, p. 108, set. 2020.

[47] *Idem, Ibidem.*

[48] MINISTÉRIO DO DESENVOLVIMENTO REGIONAL. *Instrução Normativa n. 36, de 4 de dezembro de 2020.* Estabelece procedimentos e critérios para o reconhecimento federal e para declaração de situação de emergência ou estado de calamidade pública pelos municípios, estados e pelo Distrito Federal.

ou que possam produzir algum dano ao ambiente,[49] tendo sido amplamente adotado em instrumentos internacionais bilaterais e multilaterais sobre proteção ambiental[50] como uma espécie de medida *in dubio pro* ambiente.[51]

No ordenamento brasileiro, o princípio é concretizado na obrigação de realização prévia de estudo de impacto ambiental para instalação de obra ou atividade potencialmente causadora de degradação significativa do meio ambiente (Constituição Federal de 1988, art. 225, inc. IV) e na previsão de sanções penais e administrativas para condutas e atividades consideradas lesivas ao meio ambiente, independentemente da obrigação de reparar os danos causados (Constituição Federal de 1988, art. 225, §3º). Uma vez concretizado o risco, a Política Nacional do Meio Ambiente estabelece a responsabilidade objetiva, independentemente da existência de culpa (Lei n. 6.938/1981, art. 14, §1º). De forma mais restritiva, nos termos da Lei n. 9.605/1988,[52] incorre em pena de reclusão de até cinco anos "quem deixar de adotar, quando assim o exigir a autoridade competente, medidas de precaução em caso de risco de dano ambiental grave ou irreversível" (art. 54, §3º).[53]

1.3 Quais são os conceitos-chave para a discussão sobre desastres?

A literatura incorporou progressivamente a ideia de que desastres não são fenômenos repentinos, mas são compostos pela interação entre eventos de grandes proporções e as condições de exposição, vulnerabilidade e capacidade pré-existentes. Assim,

---

[49] REICHARDT, Fernanda Viegas; SANTOS, Mayara Regina Araújo dos. (In)eficácia do Princípio de Precaução no Brasil. *Estudos Avançados*, [s.l.], v. 33, n. 95, p. 259-270, jan. 2019. FapUNIFESP (SciELO). p. 260.

[50] *Idem*, p.261.

[51] *Idem*, p. 262-263.

[52] BRASIL. *Lei n. 9.605, de 12 de fevereiro de 1998*. Dispõe sobre as sanções penais e administrativas derivadas de condutas e atividades lesivas ao meio ambiente, e dá outras providências.

[53] REICHARDT, Fernanda Viegas; SANTOS, Mayara Regina Araújo dos. (In)eficácia do Princípio de Precaução no Brasil. *Estudos Avançados*, [s.l.], v. 33, n. 95, p. 259-270, jan. 2019. p. 263. FapUNIFESP (SciELO).

desastres resultam de processos que envolvem a concretização de riscos.

Dessa forma, a ideia da prevenção ou redução do risco de desastres está ligada à percepção de que esses eventos podem ser evitados se os riscos forem identificados e corrigidos previamente. Junto à discussão sobre os tipos de riscos e desastres, se naturais ou tecnológicos, destaca-se a compreensão de que essa distinção talvez não seja mais necessária, na medida em que, cada vez mais, desastres decorrem de uma combinação de fatores naturais e antropogênicos, sem haja uma prevalência entre eles.

Apesar de haver um dissenso sobre a conveniência e oportunidade, a legislação brasileira reconhece a importância de agir sobre riscos. No entanto, não é possível dizer que ela o faz de forma a impedir determinadas atividades, mas prevendo mecanismos de avaliação e mitigação, como é o exemplo da exigência de licenciamento ambiental ou a construção de planos de emergência, de forma a estabelecer previamente as medidas de redução de riscos à ocorrência dos impactos.

No geral, as medidas para a redução de riscos de desastres são divididas em dois grupos: (i) *medidas estruturais*, que envolvem predominantemente obras de infraestrutura como, por exemplo, obras de estabilização e controle de erosão, sistemas de drenagem, obras de proteção e obras de contenção; e (ii) *medidas não estruturais*, que podem envolver políticas de ordenamento territorial, políticas assistenciais, legislação, planos de Defesa Civil, mapeamentos, informação pública, treinamento, pesquisa e educação,[54] ou seja, são medidas para fortalecer a governança da redução do risco de desastres.

Medidas estruturais e não estruturais são complementares para uma estratégia efetiva de redução de riscos de desastres. Ainda assim, a importância de medidas não estruturais foi reconhecida

---

[54] SULAIMAN, Samia Nascimento *et al.* Da teoria à prática: Como evoluíram as visões e as aplicações sobre a Gestão de Riscos e Desastres. *In:* SULAIMAN, Samia Nascimento (Org.). *GIRD+10*: caderno técnico de gestão integrada de riscos e desastres. Brasília: Ministério do Desenvolvimento Regional: Secretaria Nacional de Proteção e Defesa Civil, 2021. p. 21; CARVALHO, Délton Winter de; DAMACENA, Fernanda dalla Libera. Teoria Geral dos Desastres. *In:* CARVALHO, Délton Winter de; DAMACENA, Fernanda dalla Libera. *Direito dos desastres.* Porto Alegre: Livraria do Advogado Editora, 2013. p. 58-59.

apenas mais recentemente, com o fortalecimento da regulação. No capítulo a seguir, trata-se do processo de reconhecimento da importância do papel da regulação, e os seus reflexos na regulamentação internacional e nacional.

CAPÍTULO 2

DA ENGENHARIA PARA O DIREITO: REGULAÇÃO PARA A REDUÇÃO DO RISCO DE DESASTRES

A gestão de desastres envolve muitas áreas do conhecimento humano, incluindo a reconstrução de infraestrutura, a assistência humanitária, a recuperação econômica, ambiental, psicológica e social. Preponderou por muito tempo, em parte da literatura, a discussão sobre parâmetros técnico-científicos capazes de identificar e avaliar as causas e consequências de desastres.

A princípio, a abordagem prevalente era descritiva e buscava entender as características de um desastre e os motivos que levavam à sua ocorrência, considerando, principalmente, falhas físicas e tecnológicas que poderiam ser endereçadas com o incremento das técnicas de engenharia utilizadas na construção e manutenção de sistemas e infraestruturas.

Uma complementação desse olhar sobre desastres passou a incluir os aspectos humanos e organizacionais que compõem esse risco. A seguir, alguns desses aspectos serão explorados.

A partir de estudos de caso de diferentes desastres, Turner apresenta uma sistematização de características comuns a esses eventos:

(i) a rigidez de modelos de trabalho e fatores culturais institucionalizados nas organizações podem inibir a percepção do risco de desastres. O autor aponta que parte da eficácia das organizações decorre do desenvolvimento de uma cultura relacionada com tarefas rotineiras e com o ambiente de trabalho, mas que a repetição irrefletida de atividades e padrões de trabalho também traz o perigo da criação de "pontos cegos" ou de uma falta de percepção coletiva para os riscos existentes, que se perdem na realização das tarefas diárias.[55]

(ii) em alguns casos, ações tomadas para lidar com um risco ou problema identificado distraem a atenção de outros problemas e riscos subjacentes mascarando-os ou impedindo que sejam percebidos.[56]

(iii) a falta de atenção à sinalização de riscos feita por indivíduos de fora das organizações interessadas. Turner aponta que os alertas feitos por atores externos por vezes são ignorados ou tratados com declarações ambíguas ou enganosas, porque se assume que as organizações estão mais bem preparadas para identificar e lidar com seus problemas internos que as pessoas de fora.[57]

(iv) dificuldades de comunicação e manuseio de informações, especialmente referentes a riscos vagos e complexos, sobre os quais não se tem pleno conhecimento. Tais dificuldades podem decorrer de ambiguidades em sinais de alerta, ordens, procedimentos, responsabilidades e controles. Assim, mesmo quando as informações sobre os riscos estão disponíveis, é possível que elas não sejam percebidas, ou sejam ignoradas por não serem vistas como importantes.[58]

Ainda, Turner considera que tarefas realizadas por grandes organizações geram um grande número de mensagens, gerando uma propensão à ocorrência de falhas de comunicação. Da mesma forma, quando uma tarefa é tratada por vários agentes em diferentes áreas, tais falhas podem se tornar mais frequentes, uma vez que cada unidade organizacional ou subunidade poderá ter desenvolvido sua própria subcultura e racionalidade distinta para lidar com problemas. Isso também pode dar origem a suposições errôneas de que o problema está sendo tratado por outras unidades.[59]

(v) a presença de pessoas destreinadas ou desinformadas em situações potencialmente perigosas. Para Turner, o problema

---

[55] TURNER, Barry A. The Organizational and Interorganizational Development of Disasters. *Administrative Science Quarterly*, [s.l.], v. 21, n. 3, set. 1976. p. 388.

[56] *Idem, Ibidem.*

[57] *Idem, Ibidem.*

[58] *Idem*, p. 389.

[59] *Idem*, p. 394.

central é a dificuldade de informar grupos heterogêneos sobre riscos e procedimentos de segurança correspondentes, sendo frequente a adoção de protocolos excessivamente simplificados e insuficientes para o enfrentamento desses riscos.[60] Outro problema é a possibilidade de que pessoas estranhas estejam em locais de controle quando o risco se concretiza e possam manipular a situação de maneiras não previstas pelo sistema de segurança, agravando os impactos.[61]

(vi) o não cumprimento das normas existentes, seja pela falta de conhecimento, pelo descumprimento deliberado de obrigações e responsabilidades regulamentadas, ou porque as normas existentes se tornaram desatualizadas e de difícil aplicação às condições técnicas, sociais ou culturais presentes.[62]

(vii) a dificuldade de identificar a magnitude e severidade de um risco emergente, incluindo a subestimação dos riscos identificados.[63]

Turner também aponta ser possível que, uma vez que um risco é identificado, o foco se torne a busca de uma pessoa culpada, sem que as medidas necessárias sejam tomadas. Para o autor, esse comportamento ocorre em parte por um medo de soar um alarme desnecessário, e em parte por possíveis pressões organizacionais para negar a existência do risco.[64]

O autor entende que alguns eventos que contribuem para desastres não são detectados previamente porque ninguém os esperava ou estava alerta para tais fenômenos. Tal condição pode ser difícil de observar sem o benefício da retrospectiva, mas é possível examinar se há um grau indevido de viés organizacional e rigidez procedimental que impede a tomada das medidas necessárias.[65]

Turner aponta que as estruturas organizacionais lidam com o risco de eventos desconhecidos de forma padronizada. Essa

---

[60] *Idem*, p. 390.
[61] *Idem, Ibidem.*
[62] *Idem, Ibidem.*
[63] *Idem*, p. 391.
[64] TURNER, Barry A. The Organizational and Interorganizational Development of Disasters. *Administrative Science Quarterly*, [s.l.], v. 21, n. 3, p. 378, set. 1976. p. 392.
[65] *Idem*, p. 393.

incerteza é enfrentada com o estabelecimento de procedimentos e a confiança em padrões habituais.[66] O sucesso dessas estratégias, no entanto, gira em torno de saber se o diagnóstico da situação atual e dos riscos futuros é preciso e suficiente para a garantia de um nível aceitável de segurança nas atividades realizadas.[67]

Para o autor, há precedentes históricos e institucionais que indicam uma negligência coletiva a respeito do tratamento de indícios e alertas sobre questões de segurança, sejam eles internos às organizações, sejam decorrentes da percepção de perigos potenciais observados em exemplos de desastres correlatos ocorridos em outros lugares. Assim, as organizações tendem a não designar funcionários responsáveis para lidar com tais alertas e com os problemas de segurança que eles anunciam, fazendo com que a informação não seja tratada a tempo.[68]

A autora Diane Vaughan segue na mesma linha de Turner para investigar os elementos organizacionais que causam ou contribuem com a ocorrência de um desastre.

Vaughan rechaça o modelo que retrata gestores de organizações que buscam lucros como "calculadoras amorais", cujas ações ilegais são motivadas pelo cálculo racional de custos e oportunidades.[69] Ao olhar para decisão de lançamento da nave espacial Challenger em 1986, Vaughan levanta três desafios desse modelo, buscando mostrar como estrutura, cultura e história moldaram preferências e escolha.[70]

Assim, ainda que a explicação historicamente aceita dessa decisão condiga com o modelo de calculadora amoral: alertados por engenheiros contratados de que o lançamento era arriscado, a NASA prosseguiu com o lançamento,[71] os documentos da agência espacial teriam mostrado que as escolhas gerenciais eram, na verdade, conforme as regras.[72]

Vaughan entende que houve a normalização do desvio técnico na NASA, e apresenta três fatores que, em combinação, explicam

---

[66] *Idem*, p. 378.
[67] *Idem*, p. 379.
[68] *Idem*, p. 385.
[69] VAUGHAN, Diane. Rational Choice, Situated Action, and the Social Control of Organizations. *Law & Society Review*, [s.l.], v. 32, n. 1, 1998. p. 23.
[70] *Idem, Ibidem*.
[71] *Idem*, p. 35-36.
[72] *Idem*, p. 36.

o ocorrido: (i) a produção de um sistema de confiança cultural no grupo de trabalho, (ii) a cultura da produção e (iii) o sigilo estrutural.[73] Esses três fatores são analisados a seguir.

Primeiramente, os gerentes e engenheiros designados para fazer o trabalho técnico teriam avaliado os riscos partindo de diretrizes da agência e contando com testes de engenharia, análises pós voo e cálculos.[74] No entanto, como o projeto não tinha precedentes, tal avaliação era negociada e muitas vezes controversa e os grupos de trabalho tiveram que acordar o que seria um "risco aceitável".[75]

Assim, a autora aponta como a definição da situação de risco lhes permitiu continuar como se nada estivesse errado, mesmo havendo evidências contrárias, o que caracteriza um problema de normalização do desvio.[76] O que, após o desastre, foi apontado como sinais claros de perigo, havia sido interpretado anteriormente pelos engenheiros que faziam avaliações de risco como sinais fracos, mistos ou rotineiros.[77]

Em segundo lugar, a cultura da produção da NASA mudou consideravelmente ao longo do tempo, incorporando responsabilidades políticas e burocráticas à cultura técnica pela qual a agência era conhecida.[78]

Durante o programa Apollo da década de 1960, a maioria dos trabalhos era feita internamente para que os administradores e técnicos mantivessem contato próximo com a tecnologia desenvolvida. Era uma abordagem com ênfase na excelência técnica, positivismo científico e rigor tanto no método quanto na análise de dados.[79] No início do programa de transporte na década de 1970, essa cultura foi sendo modificada pelo incremento da responsabilização política e da atenção aos custos e ao cronograma.[80] Na década de 1980, a contratação de terceiros tornou-

---

[73] Idem, p. 37.
[74] Idem, Ibidem.
[75] Idem, Ibidem.
[76] Idem, p. 36.
[77] Idem, p. 37-38.
[78] Idem, p. 39.
[79] Idem, p. 40.
[80] Idem, Ibidem.

se institucionalizada, trazendo uma nova estrutura de regras para coordenar essas relações. Muitos engenheiros e técnicos agora tinham responsabilidades de supervisão e foram encarregados de tarefas processuais e burocráticas.[81] Isso teria, segundo Vaughan, desviado a atenção dada originalmente às questões técnicas e complexificado a tomada de decisões.[82]

Por fim, o sigilo estrutural teria contribuído para a persistência da crença na normalidade do risco.[83] Vaughan explica que, à medida que as organizações crescem, a divisão do trabalho entre subunidades, a hierarquia e a dispersão geográfica segregam conhecimento sobre tarefas e objetivos, podendo dificultar ou impedir a correta compreensão dos riscos presentes no local de trabalho e nas atividades realizadas.[84]

No sistema de avaliação de riscos de baixo para cima da NASA, pessoas com responsabilidade de supervisão ficaram dependentes de grupos de trabalho para as avaliações de risco e tomada de decisões.[85] Por outro lado, pessoas que tinham informações e que poderiam ter intervindo para evitar resultados ruins teriam ficado em silêncio, observando normas burocráticas sobre quem teria legitimidade para participar de uma decisão técnica e sob que circunstâncias.[86]

Outra autora a tratar sobre o tema é Julia Black, que enumera seis possíveis causas para desastres, que operam sozinhas ou em conjunto. São elas: (i) a existência de incentivos a indivíduos ou grupos que influem na violação de regras e padrões de conduta, de forma a aumentar o risco; (ii) a dinâmica organizacional entre reguladores e regulados e a complexidade do sistema regulatório; (iii) a falta de clareza nas estratégias regulatórias adotadas; (iv) os equívocos quanto a quais são os problemas a serem enfrentados e quais são as possíveis soluções; (v) os problemas com a comunicação e a existência de mensagens conflitantes sobre a conduta esperada

---

[81] *Idem, Ibidem.*
[82] *Idem,* p. 41.
[83] *Idem, Ibidem.*
[84] *Idem,* p. 42.
[85] *Idem,* p. 43.
[86] *Idem,* p. 45.

diante de riscos; e (vi) as falhas em estruturas de controle e prestação de contas.[87]

A fragilidade de sistemas regulatórios no tratamento de riscos é uma das causas do que a autora chama de *desastres regulatórios*, indicando que a existência de uma regulação falha, seja pela sua concepção ou execução, para além das atividades exercidas por indivíduos e organizações, contribui para a ocorrência de desastres.[88]

Em resumo, os autores mencionados apontam para uma série de fatores organizacionais que podem levar à ocorrência de desastres. Percebe-se, portanto, que a preocupação inicial da literatura sobre o tema foi identificar as causas de desastres em termos técnicos e organizacionais. Com o tempo, a discussão passou a se debruçar sobre possíveis estratégias para a redução prévia dos riscos que levam a desastres.

Essa mudança passou a reconhecer também o papel do direito na regulação da atividade de atores públicos e privados como forma de redução de riscos. Esse movimento se refletiu na edição de uma série de documentos e marcos normativos internacionais voltados a estabelecer parâmetros para a redução de riscos de desastres a serem implementados pelos países por meio da legislação interna e de políticas públicas.

2.1 Regulamentação internacional de parâmetros para a redução de risco de desastres

No âmbito internacional, alguns marcos normativos passaram a olhar para o papel do direito na redução do risco de desastres a partir da responsabilidade dos Estados de implementar tais medidas.

Desde 1970, a Resolução da Assembleia Geral das Nações Unidas (AGNU) 2717(XXV) sobre a Assistência em casos de Desastres Naturais convidou o Secretário-Geral da ONU a submeter recomendações sobre o planejamento pré-desastre nos planos

---

[87] BLACK, Julia. Learning from Regulatory Disasters. *LSE Law, Society and Economy Working Papers*, London, v. 1, n. 24, p. 1-18, 2014. p. 3.

[88] *Idem*, p. 2.

nacional e internacional. Em 1987, a Resolução AGNU 42/169 batizou a década de 1990 como a "Década Internacional para Redução dos Desastres Naturais (DIRDN)". Outros documentos internacionais seguiram no mesmo sentido, como a Resolução da AGNU 46/182 de 1991, que prevê uma atenção especial por parte dos governos e da comunidade internacional à prevenção e à preparação para a ocorrência de desastres; a Estratégia de Yokohama para um Mundo mais Seguro (1994-2004), e a Resolução AGNU 54/219, de 2000, que estabelece a Estratégia Internacional para a Redução de Desastres e o Gabinete das Nações Unidas para a Redução do Risco de Desastre (UNDRR, na sigla em inglês).[89]

Entretanto, parte da literatura aponta que a virada de paradigma da resposta jurídica aos desastres para o uso do direito como ferramenta de prevenção ou redução de riscos se deu sobretudo com o Marco de Ação de Hyogo (2005-2015), que foi adotado por 168 países após a II Conferência Mundial sobre a Prevenção de Catástrofes, em 2005, no Japão, com o objetivo de implementar um instrumento de gestão estratégica para a redução do risco de desastre baseado na preparação, prevenção e mitigação, incentivando uma cultura de segurança centrada no aumento e reforço da resiliência e na sensibilização e consciencialização do risco por parte dos agentes públicos e das comunidades.[90]

Ainda, marcam este processo de consolidação no direito da discussão sobre redução de risco de desastres os trabalhos codificados da Comissão de Direito Internacional sobre a proteção de pessoas em caso de desastre, iniciados em 2007,[91] e, principalmente, o Marco de Sendai para a Redução do Risco de Desastres 2015-2030, adotado em 2015 na Terceira Conferência Mundial sobre a Redução do Risco de Desastres, realizada em Sendai, no Japão, em complementação ao Marco de Ação de Hyogo.

O Marco Sendai aponta a necessidade de enfrentar os atuais desafios para a redução de riscos de desastres e se preparar para o futuro, com foco em monitoramento, avaliação e compreensão do

---

[89] SARAIVA, Rute; SARAIVA, Jorge. A prevenção de desastres. *E-Pública*: Revista Eletrónica de Direito Público, Lisboa, v. 7, n. 2, p. 111-112, set. 2020.

[90] *Idem*, p. 112.

[91] *Idem*, p. 113.

risco de desastres. São pontos chave: o fortalecimento da governança do risco de desastres e coordenação entre as instituições e os setores relevantes, bem como a participação plena e significativa das partes interessadas nos níveis adequados; investimento na resiliência econômica, social, de saúde, cultural e educacional de pessoas, comunidades e países e no meio ambiente, inclusive por meio de tecnologia e pesquisa; melhoria em sistemas de alerta precoce para vários perigos, preparação, resposta, recuperação, reabilitação e reconstrução (§14).

Entretanto, muitos desses parâmetros são considerados *soft law* e, em decorrência disso, carecem de uma força impositiva imediata, o que requer um trabalho adicional de cada país para viabilizar a sua adoção e implementação. Primeiramente, é considerável o número de convenções e outros instrumentos que direta ou indiretamente tratam do tema, apresentando uma natureza fragmentada e pouco sistematizada,[92] com generalizações a serem traduzidas para os contextos locais de cada país. Além disso, boa parte desses documentos está centrada em parâmetros para setores específicos como o transporte, desastres industriais ou nucleares.[93]

Tendo isso em vista, organismos internacionais defendem a importância da concretização desses parâmetros não somente por meio de políticas públicas, mas também a sua garantia pelas legislações nacionais, conferindo a diplomas normativos um papel importante na implementação dessas medidas de redução de riscos.

Assim, ao mesmo tempo que é reconhecido o papel relevante que as ações e decisões dos atores públicos e privados envolvidos, incluindo indivíduos, comunidades, empresas e os Estados têm na materialização ou não de um risco em um desastre, considera-se que as estruturas jurídicas também são uma ferramenta crítica para os governos moldarem suas escolhas ao lidar com a gestão de risco de desastres.[94]

Nesse sentido, uma pesquisa do Programa das Nações Unidas para o Desenvolvimento (PNUD) em parceria com a Cruz

---

[92] *Idem*, p. 109-111.

[93] *Idem, Ibidem.*

[94] PNUD, United Nations Development Programme; IFRC, International Federation of Red Cross and Red Crescent Societies. *Effective law and regulation for disaster risk reduction*: a multi country report. 2014, p. 9.

Vermelha que buscou mapear as estratégias de redução do risco de desastres em 31 países distribuídos por cinco continentes, incluindo o Brasil, demonstra que tais estratégias são mais frequentemente colocadas em práticas por meio de políticas públicas do que por normas jurídicas. No entanto, segundo o PNUD, leis são essenciais para definir as prioridades e competências para uma implementação da RRD bem-sucedida, e mesmo os países com regimes de RRD baseados no modelo de políticas públicas bem-sucedidas, eventualmente procuram codificar os elementos-chave no direito posto.[95]

Também o Marco Sendai aponta que, para alcançar, no contexto nacional e local, os objetivos de redução de risco de desastre estabelecidos, é importante: integrar a redução do risco de desastres de modo intra– e intersetorial; avaliar e promover a coerência e o desenvolvimento de marcos nacionais e locais de leis, regulamentos e políticas públicas, que, através da definição de papéis e responsabilidades, orientem os setores público e privado para: (i) tratar do risco de desastres em serviços e infraestruturas de propriedade, gestão ou regulamentação pública; (ii) promover e incentivar a adoção de ações por pessoas, famílias, comunidades e empresas; (iii) aperfeiçoar mecanismos e iniciativas de transparência sobre o risco de desastres, incluindo, entre outros, incentivos financeiros, iniciativas de conscientização e treinamento; e (iv) coordenar as estruturas organizacionais, destacando a importância da alocação dos recursos necessários, inclusive financeiros e logísticos, em todos os níveis da administração, para o desenvolvimento e a implementação de políticas, planos, leis e regulamentos de gestão de risco de desastres em todos os setores relevantes (§§27 e 31).

Assim, abordagens estruturais e não estruturais para a redução de risco de desastres são vistas de forma complementar pela normativa internacional, enquanto organismos internacionais defendem a normatização interna dessas medidas através das legislações nacionais.

---

[95] *Idem, Ibidem. Cf.* PNUD, United Nations Development Programme; IFRC, International Federation of Red Cross and Red Crescent Societies. *Effective law and regulation for disaster risk reduction*: a multi country report. 2014, p. 9.

2.2 A evolução da regulação para a redução do risco de desastres no Brasil

A regulação para a redução do risco de desastres no Brasil está inserida no contexto da evolução de instrumentos internacionais a respeito do tema. Ainda assim, é possível identificar um caráter reativo à ocorrência de desastres nas últimas décadas que impulsionou a adoção de medidas para redução de riscos no direito brasileiro.

Esse movimento resultou, principalmente, na edição de duas políticas: a Política Nacional de Proteção e Defesa Civil (PNPDEC), e a Política Nacional de Segurança de Barragens (PNSB). Assim, a regulamentação da Defesa Civil e da segurança de barragens no Brasil podem ser vistos como processos complementares para a construção do quadro normativo brasileiro sobre desastres, conforme será apresentado a seguir.

2.1.1 A regulamentação da Defesa Civil para a redução de riscos de desastres

A discussão sobre a redução de risco de desastres no Brasil está fortemente atrelada a esforços de estruturação e fortalecimento da Defesa Civil, que se estende de meados dos anos 1940 até 2012, com a aprovação da PNPDEC.

Há autores que remontam o debate sobre riscos de desastres no Brasil à criação do Serviço de Defesa Passiva Antiaérea em 1942, que passou a se chamar Serviço de Defesa Civil em 1943 e foi posteriormente extinto em 1946.[96] Em 1946, no contexto da primeira e segunda guerra mundial, foi criado o Conselho de Segurança Nacional.[97]

---

[96] SULAIMAN, Samia Nascimento *et al*. Avanços e desafios: a organização da sociedade brasileira para a gestão de riscos e desastres. *In:* Samia Nascimento Sulaiman (Org.). *GIRD+10*: caderno técnico de gestão integrada de riscos e desastres. Brasília: Ministério do Desenvolvimento Regional: Secretaria Nacional de Proteção e Defesa Civil, 2021. p. 29.

[97] MINISTÉRIO DO DESENVOLVIMENTO REGIONAL. Secretaria Nacional de Proteção e Defesa Civil. Universidade Federal de Santa Catarina. Centro de Estudos e Pesquisas em Engenharia e Defesa Civil. *A P&DC e os 30 anos de desastres no Brasil:* (1991 – 2020) / Ministério do Desenvolvimento Regional, Secretaria Nacional de Proteção e Defesa Civil, Universidade Federal de Santa Catarina, Centro de Estudos e Pesquisas em Engenharia e Defesa Civil. Florianópolis: Fepese, 2022. p. 19.

Entre o final da década de 1960 e início da de 1970, em resposta às cheias e deslizamentos que atingiram cidades da Serra do Mar na região Sudeste, essas estruturas foram ampliadas com a criação do Ministério do Interior, que contava com atribuições de assistência às populações atingidas por calamidades públicas em todo o território nacional; com a regulamentação do Fundo Especial para Calamidades Públicas (Funcap); a criação do Grupo Especial para Assuntos de Calamidades Públicas (Geacap);[98] e a estruturação das Coordenadorias Estaduais de Defesa Civil (Cedecs) para gerenciamento da emergência e resposta aos desastres.[99]

Em 1979, foi criada a Secretaria Especial de Defesa Civil, hoje Secretaria Nacional de Proteção e Defesa Civil (Sedec). Em 1988, foi organizado o Sistema Nacional de Defesa Civil.[100]

No fim da década de 1990, em paralelo à publicação da Resolução n. 44/236 pela Assembleia Geral da ONU, que estabeleceu a década internacional para redução dos desastres naturais, o Brasil elaborou sua primeira Política Nacional de Defesa Civil (PNDC), contendo metas e programas para prevenção, preparação, resposta e reconstrução de desastres.[101]

Em meio à proliferação de desastres de ampla repercussão, como os deslizamentos e inundações nos Municípios do Vale do Itajaí, em Santa Catarina, em 2008, que resultaram em 151 mortes, mais de 5 mil pessoas feridas e 100 mil desabrigadas e desalojadas; inundações em Manaus, no Amazonas, em 2009, com mais de 400 mil pessoas atingidas; deslizamentos em Angra dos Reis e em Niterói, no Rio de Janeiro, em 2010; inundações em São Luiz do Paraitinga, em São Paulo, e nos estados de Alagoas e Pernambuco, também no ano de 2010; e seca no Acre, no mesmo ano com registros de

---

[98] *Idem, Ibidem.*

[99] SULAIMAN, Samia Nascimento *et al.* Avanços e desafios: a organização da sociedade brasileira para a gestão de riscos e desastres. *In:* SULAIMAN, Samia Nascimento (Org.). *GIRD+10*: caderno técnico de gestão integrada de riscos e desastres. Brasília: Ministério do Desenvolvimento Regional: Secretaria Nacional de Proteção e Defesa Civil, 2021. p. 29.

[100] MINISTÉRIO DO DESENVOLVIMENTO REGIONAL. Secretaria Nacional de Proteção e Defesa Civil. Universidade Federal de Santa Catarina. Centro de Estudos e Pesquisas em Engenharia e Defesa Civil. *A P&DC e os 30 anos de desastres no Brasil*: (1991 – 2020) / Ministério do Desenvolvimento Regional, Secretaria Nacional de Proteção e Defesa Civil, Universidade Federal de Santa Catarina, Centro de Estudos e Pesquisas em Engenharia e Defesa Civil. Florianópolis: Fepese, 2022. p. 19.

[101] *Idem, Ibidem.*

incêndios florestais, foi necessário qualificar a gestão de riscos de desastres no Brasil.[102]

Samia Sulaiman *et al.* mencionam uma série de políticas públicas que fizeram parte do movimento de qualificação que se seguiu. Entre elas, o Programa de Gestão de Riscos e Resposta a Desastres no Plano PluriAnual (PPA) da União Federal. No PPA 2008-2011, a gestão de riscos em áreas urbanas era baseada na cooperação com os órgãos municipais e estaduais de Defesa Civil, sob coordenação da Secretaria Nacional de Defesa Civil do Ministério da Integração Nacional para resposta e reconstrução.[103] Os autores apontam a fragmentação e falta de coordenação nesses planos: o Ministério da Integração era responsável pelo Programa n. 1.027 e n. 1.029, para Prevenção e Preparação e para Resposta a Desastres e Reconstrução, respectivamente, enquanto o Programa n. 1.138, sobre Drenagem Urbana e Controle de Erosão Marítima e Fluvial, estava a cargo do Ministério das Cidades. A Secretaria Nacional de Saneamento Ambiental era responsável por ações de prevenção de inundações por meio do Programa n. 1.138, enquanto a Secretaria Nacional de Programas Urbanos cuidava da Ação n. 8.865 para Prevenção e Erradicação de Riscos Ambientais e Sociais, parte do Programa n. 1.128 de Urbanização, Regularização Fundiária e Integração de Assentamentos Precários. As ações não eram articuladas entre si e cada secretaria estabelecia suas próprias prioridades de atuação.[104]

Após o desastre na região serrana do Rio de Janeiro em 2011, o PPA do governo federal passou a ser organizado de forma coordenada entre os ministérios do Planejamento, Orçamento e Gestão; da Integração Nacional; das Cidades; de Minas e Energia; e de Ciência, Tecnologia e Inovação. O Programa n. 2040 (Gestão de Riscos e Resposta a Desastres) do PPA 2012-2015, por exemplo, contava com a articulação das ações entre os ministérios e proposições conjuntas para o orçamento geral da União.[105]

---

[102] SULAIMAN, Samia Nascimento *et al.* Avanços e desafios: a organização da sociedade brasileira para a gestão de riscos e desastres. *In:* SULAIMAN, Samia Nascimento (Org.). *GIRD+10*: caderno técnico de gestão integrada de riscos e desastres. Brasília: Ministério do Desenvolvimento Regional: Secretaria Nacional de Proteção e Defesa Civil, 2021. p. 30.

[103] *Idem*, p. 31.

[104] *Idem, Ibidem.*

[105] *Idem*, p. 31-32.

Esse processo de aumento da coordenação na ação governamental para a redução de riscos pode ser apontado como o início de uma mudança de paradigma para ações de prevenção e redução dos riscos de desastres, seguindo o movimento internacional nesse mesmo sentido que foi relatado no subcapítulo anterior.[106]

A aprovação da PNPDEC na Lei n. 12.608/2012, elaborada no contexto das ações de resposta ao desastre na região serrana do Rio de Janeiro em 2011, é considerada um dos grandes marcos na evolução legislativa da gestão e redução do risco de desastres no Brasil.

A PNPDEC foi editada a partir da conversão da MP n. 547/2011, que tinha como objetivo a instituição de cadastro nacional de Municípios com áreas propícias à ocorrência de escorregamentos de grande impacto ou processos geológicos correlatos, tendo em vista

> [o]s recorrentes desastres naturais dos últimos anos [que] afetaram de forma drástica vários municípios brasileiros, demonstrando a necessidade urgente de se incorporar nas políticas urbanas municipais as componentes de planejamento e gestão voltadas para a prevenção e mitigação de impactos desses eventos, em especial dos associados a escorregamentos de encostas e processos correlatos, responsáveis pelo maior número de vítimas e de mortes.[107]

Entre as inovações trazidas pela lei estão a criação do Sistema Nacional de Proteção e Defesa Civil (SINPDEC) e do Conselho Nacional de Proteção e Defesa Civil (CONPDEC) objetivando a integração multisetorial dos entes federativos, inclusive com a participação da sociedade;[108] e autorização para a criação de sistema

---

[106] MINISTÉRIO DO DESENVOLVIMENTO REGIONAL. Secretaria Nacional de Proteção e Defesa Civil. Universidade Federal de Santa Catarina. Centro de Estudos e Pesquisas em Engenharia e Defesa Civil. *A P&DC e os 30 anos de desastres no Brasil*: (1991 – 2020) / Ministério do Desenvolvimento Regional, Secretaria Nacional de Proteção e Defesa Civil, Universidade Federal de Santa Catarina, Centro de Estudos e Pesquisas em Engenharia e Defesa Civil. Florianópolis: Fepese, 2022. p. 20.

[107] BRASIL. Medida Provisória n. 547, de 11 de outubro de 2011. Altera a Lei n. 6.766, de 19 de dezembro de 1979; a Lei n. 10.257, de 10 de julho de 2001, e a Lei n. 12.340, de 1º de dezembro de 2010.

[108] COUTINHO, Sonia Maria Viggiani *et al*. Envolvimento e parceria: governança e a participação social na gestão de riscos e desastres. *In*: SULAIMAN, Samia Nascimento (Org.). *GIRD+10*: caderno técnico de gestão integrada de riscos e desastres. Brasília: Ministério do Desenvolvimento Regional: Secretaria Nacional de Proteção e Defesa Civil, 2021. p. 126.

de informações e monitoramento de desastre (art. 1º). Também houve a padronização do ciclo de gestão de desastres ao modelo internacional, incluindo prevenção, mitigação, preparação, resposta e recuperação, conforme apontado anteriormente.[109]

A lei estabelece, de forma genérica, o dever da União, dos Estados e Distrito Federal, e dos Municípios de tomar as medidas necessárias à redução dos riscos de desastre (art. 2º, caput), que poderão ser adotadas com a colaboração de entidades públicas ou privadas e da sociedade em geral (art. 2º, §1º); promover a identificação e avaliação das ameaças, suscetibilidades e vulnerabilidades a desastres, de modo a evitar ou reduzir sua ocorrência; monitorar os eventos meteorológicos, hidrológicos, geológicos, biológicos, nucleares, químicos e outros potencialmente causadores de desastres; e produzir alertas antecipados sobre a possibilidade de ocorrência de desastres naturais, entre outros objetivos.

Ainda, a PNPDEC deve ser integrada às políticas de ordenamento territorial, desenvolvimento urbano, saúde, meio ambiente, mudanças climáticas, gestão de recursos hídricos, geologia, infraestrutura, educação, ciência e tecnologia e às demais políticas setoriais, tendo em vista a promoção do desenvolvimento sustentável, ressaltando o caráter multidisciplinar da gestão de risco de desastres (art. 3º, parágrafo único).

Nesse sentido, há autores que entendem que a lei passou a definir com maior rigor as responsabilidades dos entes federados, reforçando a orientação de dar prioridade às ações de prevenção e mitigação, e de integração de políticas públicas.[110]

Na década de 2010 houve ainda a regulamentação e atualização de mecanismos para decretação de situação de emergência e estado de calamidade, conforme explicado no próximo capítulo, e para a transferência de recursos da União ao SINPDEC e à PNPDEC.[111]

---

[109] MINISTÉRIO DO DESENVOLVIMENTO REGIONAL. Secretaria Nacional de Proteção e Defesa Civil. Universidade Federal de Santa Catarina. Centro de Estudos e Pesquisas em Engenharia e Defesa Civil. *A P&DC e os 30 anos de desastres no Brasil*: (1991 – 2020) / Ministério do Desenvolvimento Regional, Secretaria Nacional de Proteção e Defesa Civil, Universidade Federal de Santa Catarina, Centro de Estudos e Pesquisas em Engenharia e Defesa Civil. Florianópolis: Fepese, 2022. p. 20.

[110] *Idem, Ibidem.*

[111] *Idem*, p. 21.

O monitoramento de desastres ficou a cargo do SINPDEC, posteriormente regulado por meio do Decreto n. 10.593/2020, que estabelece que o Sistema Nacional de Informações e Monitoramento de Desastres será instituído e coordenado pela Secretaria Nacional de Proteção e Defesa Civil do Ministério do Desenvolvimento Regional (art. 35), cabendo-lhe a produção de informações e dados a respeito de riscos climatológicos; de incêndio; de manejo de produtos perigosos; de saúde; em barragens; hidrogeológicos; hidrológicos; meteorológicos; nucleares e radiológicos; e sismológicos (art. 36, parágrafo único).

O monitoramento e gerenciamento de riscos e desastres é realizado pelo Centro de Monitoramento e Alertas de Desastres Naturais (CEMADEN), que integra o Ministério da Ciência, Tecnologia e Inovações, e pelo Centro Nacional de Gerenciamento de Riscos e Desastres (CENAD), na esfera federal, com apoio de institutos, universidades, agências, centros, defesas civis dos distintos entes federativos e com as comunidades locais.[112]

Em nível nacional, o SINPDEC relaciona uma rede de atores e instituições necessárias para contribuir no processo de planejamento, articulação, coordenação e execução dos programas, projetos e ações de proteção e Defesa Civil.[113]

A Sedec, órgão central do SINPDEC, coordena, formula, orienta e conduz a PNPDEC em articulação com os Estados, o Distrito Federal e os Municípios. O SINPDEC é gerido por seu órgão consultivo, o CONPDEC, pelo órgão central coordenador do sistema, pelos órgãos regionais estaduais e municipais de proteção e Defesa Civil, bem como pelos órgãos setoriais dos três âmbitos de governo (Lei n. 12.608/2012, art. 11). Além disso, podem participar do SINPDEC as organizações comunitárias de caráter voluntário ou outras entidades com atuação significativa nas ações locais de proteção e Defesa Civil.[114]

---

[112] COUTINHO, Sonia Maria Viggiani *et al.* Envolvimento e parceria: governança e a participação social na gestão de riscos e desastres. *In:* SULAIMAN, Samia Nascimento (Org.). *GIRD+10:* caderno técnico de gestão integrada de riscos e desastres. Brasília: Ministério do Desenvolvimento Regional: Secretaria Nacional de Proteção e Defesa Civil, 2021, p. 127.

[113] *Idem*, p. 126.

[114] *Idem, Ibidem.*

A PNPDEC conta, portanto, com uma governança institucional complexa para a atuação sobre riscos.

2.1.2 A regulamentação sobre segurança de barragens no Brasil

Paralelamente à evolução da legislação sobre Defesa Civil para a gestão e redução do risco de desastres, também houve um movimento que tratou da regulação sobre segurança de barragens, considerando principalmente as barragens de rejeitos de mineração.

A evolução da regulamentação sobre barragens não é uma casualidade, mas é uma resposta a desastres ocorridos em 2015 e 2019 nos Municípios de Mariana e Brumadinho, respectivamente, ambos no estado de Minas Gerais.

Ainda assim, apesar do avanço normativo, o cenário de insegurança em relação a barragens permanece no Brasil. Segundo o Relatório Anual de Segurança de Barragens de Mineração da ANM para o ano de 2021, no final daquele ano, um total de 46 barragens, ou 10% do total de barragens inseridas no Sistema Integrado de Gestão em Segurança de Barragens de Mineração (SIGBM) estavam classificadas na Categoria de Risco (CRI) Alto. Além disso, havia 40 barragens de mineração com algum nível de emergência no Brasil, sendo três delas classificadas no nível 3, no qual a ruptura é eminente ou está ocorrendo.[115]

Também o relatório feito pela ANA para o mesmo ano apontou que a quantidade de barragens com algum nível de risco preocupa os órgãos fiscalizadores, tendo 23 deles listado um total de 187 barragens críticas, localizadas em 22 estados da federação. A ANA aponta que, durante o ano de 2021, foram relatados 13 acidentes e 37 incidentes em 16 estados, a envolvendo o transbordamento de barragens após chuvas intensas nos meses de dezembro, janeiro e fevereiro.[116]

---

[115] AGÊNCIA NACIONAL DE MINERAÇÃO (ANM). *III Relatório Anual de Segurança de Barragens de Mineração 2021*. Brasília: ANM, 2022.

[116] AGÊNCIA NACIONAL DE ÁGUAS E SANEAMENTO BÁSICO (ANA). *Relatório de Segurança de Barragens*. Brasília: ANA, 2022.

Tendo isso em vista, pode-se dizer que a regulação de estratégias para redução do risco de desastres no Brasil também está fortemente ligada à ocorrência de desastres no setor minerário e, consequentemente, à regulamentação da segurança de barragens.

Após o desastre decorrente do rompimento da barragem do Fundão, em Mariana/MG, em 2015, acelerou-se um movimento de regulação do setor minerário que culminou na criação da Agência Nacional de Mineração (ANM). Um marco importante nesse processo foi a própria criação de um órgão regulatório, vista como uma forma de regulação em resposta e para a redução do risco de desastres.O setor minerário também participou da onda de reformas administrativas que culminou na criação de algumas agências reguladoras na década de 1990, mas, naquele momento, ficou restrito à transformação do Departamento Nacional de Produção Mineral (DNPM) em autarquia, através da Lei n. 8.876/1994.[117] A instituição de uma agência reguladora setorial só foi feita posteriormente, com a criação da ANM por meio da Lei n. 13.575/2017,[118] que extinguiu o DNPM.

Essa era uma demanda antiga do setor e do próprio DNPM, tendo o estabelecimento da ANM gerado a expectativa de um ganho em modernização e efetividade regulatória.[119]

Havia uma preocupação com a modernização da regulamentação do setor, que se encontrava bastante defasada. A existência de normas regulatórias em descompasso com as tecnologias mais avançadas, impondo padrões técnicos desatualizados pode ser motivo de agravamento do risco de desastres,

---

[117] BRASIL. Lei n. 8.876, de 02 de maio de 1994. Autoriza o Poder Executivo a instituir como Autarquia o Departamento Nacional de Produção Mineral (DNPM), e dá outras providências; MOTA MALDONADO, Gabriel; BEDRAN OLIVEIRA, Frederico. Do fomento à regulação: A Agência Nacional de Mineração e a regulação do setor minerário brasileiro. *Journal of Law and Regulation*, [S. l.], v. 6, n. 2, p. 59-82, 2020. p. 70.

[118] BRASIL. Lei n. 13.575, de 26 de dezembro de 2017. Cria a Agência Nacional de Mineração (ANM); extingue o Departamento Nacional de Produção Mineral (DNPM); altera as Leis n º 11.046, de 27 de dezembro de 2004, e 10.826, de 22 de dezembro de 2003; e revoga a Lei n. 8.876, de 2 de maio de 1994, e dispositivos do Decreto-Lei n. 227, de 28 de fevereiro de 1967 (Código de Mineração).

[119] FARIAS ABU-EL-HAJ, G. Aplicação de regulação responsiva e redes de governança na regulação da segurança de barragens de rejeitos de mineração no Brasil. *Journal of Law and Regulation*, [S. l.], v. 6, n. 1, p. 68–98, 2020. p. 72-73.

conforme apontado por Turner.[120] Esse era o caso da exploração de minérios no Brasil. Maldonado e Oliveira apontam que, no momento da criação da ANM, a estrutura e os serviços do DNPM já estavam defasados, e a criação de uma agência foi encarada inicialmente como uma oportunidade de melhoria no gerenciamento do setor, permitindo "uma melhor interação do gestor da mineração com os entes regulados".[121] Além disso, esperava-se que a adoção das consultas públicas no processo regulatório, a colegialidade das decisões e a especialização dos quadros da agência garantiriam a transparência e reduziriam a assimetria de informações entre agência e regulados.[122]

Apesar de estar inserida no contexto da ocorrência do desastre do rompimento da barragem de Fundão, em 2015, e ter sido impulsionada, naquele momento, pela necessidade de uma resposta regulatória ao desastre, a criação da ANM também faz parte de um contexto histórico mais amplo de discussão sobre reformas legislativas do setor minerário brasileiro.[123] [124]

---

[120] TURNER, Barry A. The Organizational and Interorganizational Development of Disasters. *Administrative Science Quarterly*, [s.l.], v. 21, n. 3, p. 378, set. 1976. p. 390.

[121] MOTA MALDONADO, Gabriel; BEDRAN OLIVEIRA, Frederico. Do fomento à regulação: A Agência Nacional de Mineração e a regulação do setor minerário brasileiro. *Journal of Law and Regulation*, [s.l.], v. 6, n. 2, p. 59-82, 2020. p. 61.

[122] As expectativas parecem não ter sido plenamente cumpridas, uma vez que, quatro anos após a criação da agência, o ex-diretor da ANM afirmou ao deixar o cargo que a agência vivia uma situação precária, com apenas 250 técnicos para monitorar as 35 mil minas regulamentadas no país. *Cf.* MENDES, Adriana. Após deixar o cargo, diretor da Agência Nacional de Mineração revela 'ameaças e retaliações'. *O Globo*. S.L., p. 1-2. 04 mar. 2021.

[123] Uma das principais leis do setor, o Código de Mineração, estabelecido pelo Decreto-Lei n. 227/1967, é um exemplo de como o setor vem passando por recorrentes alterações regulatórias. O Código já sofreu diversas alterações, sendo referido por Dias e Frattari como uma "colcha de retalhos". *Cf.* Novo Marco Legal do Setor Mineral: avanços e retrocessos das propostas legislativas contemporâneas de alteração do código minerário brasileiro. *Revista Brasileira de Filosofia do Direito*, [s.l.], v. 6, n. 1, p. 173, 18 ago. 2020. p. 174.

[124] Dias e Frattari apontam criticamente que as alterações legislativas sobre o setor têm como força motriz a expansão da exploração mineral no Brasil, havendo um longo caminho a ser percorrido para o endereçamento satisfatório de questões socioambientais, que não pareciam estar no centro das discussões à época. *Cf.* Novo Marco Legal do Setor Mineral: avanços e retrocessos das propostas legislativas contemporâneas de alteração do código minerário brasileiro. *Revista Brasileira de Filosofia do Direito*, [s.l.], v. 6, n. 1, 18 ago. 2020. p. 175.

Já em 2013, o Ministério de Minas e Energia (MME) havia enviado ao Poder Executivo o Projeto de Lei n. 5.807/2013,[125] cujo texto foi baseado em um anteprojeto elaborado em conjunto com o DNPM,[126] buscando a instituição de nova política fiscal, a alteração do método de concessão das licenças minerárias, e a extinção do DNPM para a criação de uma agência reguladora para o setor.[127]

No entanto, a reforma do setor minerário e a sua aproximação do tema da regulação para a redução do risco de desastres veio somente mais tarde, em 2017, com a edição da Portaria DNPM n. 70.389/2017[128] para disciplinar a Política Nacional de Segurança de Barragens (PNSB), em um movimento impulsionado pelas discussões sobre medidas legislativas de resposta ao desastre ocorrido em Minas Gerais.[129]

A Portaria n. 70.389/2017 trouxe novos parâmetros e instrumentos aplicáveis para um monitoramento mais efetivo, incluindo a criação do Sistema Integrado de Gestão de Segurança de Barragens de Mineração (SIGBM), critérios mais objetivos para a definição das zonas de autossalvamento, e a obrigação de instalação de sirenes nessas áreas, além de outras medidas.[130]

---

[125] PODER EXECUTIVO. Projeto de Lei n. 5.807, de 19 de junho de 2013. Dispõe sobre a atividade de mineração, cria o Conselho Nacional de Política Mineral e a Agência Nacional de Mineração – ANM, e dá outras providências.

[126] DIAS, Maria Tereza Fonseca; FRATTARI, Rafhael. Novo Marco Legal do Setor Mineral: avanços e retrocessos das propostas legislativas contemporâneas de alteração do código minerário brasileiro. *Revista Brasileira de Filosofia do Direito*, [s.l.], v. 6, n. 1, 18 ago. 2020. p. 177.

[127] *Idem*, p. 175.

[128] BRASIL. Ministério de Minas e Energia/Departamento Nacional de Produção Mineral. Portaria n. 70.389, de 17 de maio de 2017. Cria o Cadastro Nacional de Barragens de Mineração, o Sistema Integrado de Gestão em Segurança de Barragens de Mineração e estabelece a periodicidade de execução ou atualização, a qualificação dos responsáveis técnicos, o conteúdo mínimo e o nível de detalhamento do Plano de Segurança da Barragem, das Inspeções de Segurança Regular e Especial, da Revisão Periódica de Segurança de Barragem e do Plano de Ação de Emergência para Barragens de Mineração, conforme art. 8º, 9º, 10, 11 e 12 da Lei n. 12.334 de 20 de setembro de 2010, que estabelece a Política Nacional de Segurança de Barragens – PNSB.

[129] FARIAS ABU-EL-HAJ, G. Aplicação de regulação responsiva e redes de governança na regulação da segurança de barragens de rejeitos de mineração no Brasil. *Journal of Law and Regulation*, [S. l.], v. 6, n. 1, p. 68–98, 2020. p. 71.

[130] TRINDADE, A. D. C. *Segurança de Barragens de Mineração: um olhar a partir da Teoria da Regulação pelo Interesse Público*. *Revista de Direito Setorial e Regulatório*, v. 7, n. 2, p. 14-15, outubro 2021.

Ainda em 2017, foi lançado o Programa de Revitalização da Indústria Mineral Brasileira, contendo três medidas provisórias (MPs): a MP n. 789/2017;[131] a MP n. 790/2017;[132] e a MP n. 791/2017,[133] que tratava da criação da ANM.[134]

Apesar das diversas emendas à MP n. 791/2017 no Congresso Nacional e vetos do Poder Executivo, a Lei n. 13.575/2017 manteve as principais características do projeto inicial de criação da agência, que herdou as competências, atribuições e o quadro de servidores do DNPM.[135]

Em um contexto delicado para o setor, a MP que resultou na criação da ANM foi discutida em um único turno no Congresso, com a realização de uma consulta pública. Houve críticas à baixa participação da sociedade civil e dos agentes do setor minerário na discussão para elaboração e votação da MP n. 791/2017, apontando a necessidade de aprimoramento da governança no setor minerário.[136]

Ainda que o processo de criação da ANM possa não ter viabilizado plenamente a participação de atores externos no desenho regulatório, ao final, o modelo regulatório concretizado na agência adotou mecanismos de participação já consolidados em outras agências reguladoras brasileiras, como a criação de uma ouvidoria (art. 5º, §2º) e a realização de consultas e audiências públicas como parte do processo de edição de atos normativos (art. 12).[137] Houve, portanto, algum nível de evolução em relação à atividade regulatória

---

[131] BRASIL. Medida Provisória n. 789, de 25 de julho de 2017. Altera a Lei n. 7.990, de 28 de dezembro de 1989, e a Lei n. 8.001, de 13 de março de 1990, para dispor sobre a Compensação Financeira pela Exploração de Recursos Minerais.

[132] BRASIL. Medida Provisória n. 790, de 25 de julho de 2017. Altera o Decreto-Lei n. 227, de 28 de fevereiro de 1967 – Código de Mineração, e a Lei n. 6.567, de 24 de setembro de 1978, que dispõe sobre regime especial para exploração e aproveitamento das substâncias minerais que especifica e dá outras providências.

[133] BRASIL. Medida Provisória n. 791, de 25 de julho de 2017. Cria a Agência Nacional de Mineração e extingue o Departamento Nacional de Produção Mineral.

[134] DIAS, Maria Tereza Fonseca; FRATTARI, Rafhael. Novo Marco Legal do Setor Mineral: avanços e retrocessos das propostas legislativas contemporâneas de alteração do código minerário brasileiro. *Revista Brasileira de Filosofia do Direito*, [s.l.], v. 6, n. 1, p. 175-176, 18 ago. 2020.

[135] *Idem*, p. 180.

[136] *Idem*, p. 192.

[137] A realização de audiências e consultas públicas como parte do processo normativo de agências reguladoras foi posteriormente incluída como mandamento da própria Lei das Agências reguladoras em 2019 (Lei n. 13.848/2019, arts. 9º e 10º).

exercida pelo DNPM, cuja regulamentação não requeria o uso de ferramentas de incentivo à participação pública e a transparência no processo regulatório.[138]

Ainda no contexto das investigações e debate público após o rompimento da Barragem de Fundão, em Mariana, surgiram questionamentos sobre possíveis lacunas na redução de risco de desastres no setor, como a ausência de monitoramento automatizado de barragens e a falta de sirenes na zona de autossalvamento, área imediatamente atingida pelos rejeitos no caso de rompimento de barragem; além das limitações administrativas do então DNPM, que não dispunha de um corpo técnico em número suficiente para realizar as atividades de fiscalização de barragens a contento.[139]

Tais lacunas foram postas em evidência pela ocorrência do desastre em Brumadinho/MG, pouco mais de três anos depois, reacendendo temas como, por exemplo, a segurança das barragens de rejeitos alteadas sob o método a montante,[140] a existência de instalações administrativas da própria Vale, empresa responsável pela barragem, dentro da zona de autossalvamento, e a localização e o acionamento manual de sirenes.[141]

Trindade afirma, no entanto, que, para o caso de Brumadinho, a resposta do ente regulador foi mais efetiva. Ainda que a ANM houvesse sido instalada pouco antes do rompimento da barragem, a agência reguladora não demorou a editar a Resolução n. 4 de 15 de

---

[138] MOTA MALDONADO, Gabriel; BEDRAN OLIVEIRA, Frederico. Do fomento à regulação: A Agência Nacional de Mineração e a regulação do setor minerário brasileiro. *Journal of Law and Regulation*, [s.l.], v. 6, n. 2, 2020. p. 71.

[139] TRINDADE, A. D. C. *Segurança de Barragens de Mineração: um olhar a partir da Teoria da Regulação pelo Interesse Público*. Revista de Direito Setorial e Regulatório, v. 7, n. 2, p. 14, outubro 2021.

[140] "Entende-se por alteamento a montante a metodologia construtiva de barragem em que os diques de contenção se apoiam sobre o próprio rejeito ou sedimento previamente lançado e depositado" (Lei n. 12.334/2010, art. 2-A, §1º, incluído pela Lei n. 14.066/2020). BRASIL. *Lei n. 12.334 de 20 de setembro de 2010*. Estabelece a Política Nacional de Segurança de Barragens destinadas à acumulação de água para quaisquer usos, à disposição final ou temporária de rejeitos e à acumulação de resíduos industriais, cria o Sistema Nacional de Informações sobre Segurança de Barragens e altera a redação do art. 35 da Lei n. 9.433, de 8 de janeiro de 1997, e do art. 4º da Lei n. 9.984, de 17 de julho de 2000.

[141] TRINDADE, A. D. C. *Segurança de Barragens de Mineração: um olhar a partir da Teoria da Regulação pelo Interesse Público*. Revista de Direito Setorial e Regulatório, v. 7, n. 2, p. 15, outubro 2021.

fevereiro de 2019,[142] que estabeleceu medidas regulatórias cautelares para assegurar a estabilidade de barragens de mineração, incluindo a proibição de novos alteamentos a montante das barragens de rejeito e o estabelecimento de cronogramas para a remoção de instalações administrativas localizadas na zona de autossalvamento das barragens e para o descomissionamento de barragens alteadas a montante em todo o território nacional.[143]

A Resolução n. 4/2019 não passou por nenhum processo de participação pública de grupos de interesses anterior à sua edição, mas algumas medidas posteriores foram adotadas, como a realização de consulta pública e a promoção de um *workshop* conduzido no Ministério de Minas e Energia com representantes de empresas do setor mineral, associações, universidades e consultores, com o objetivo de colher subsídios para a nova norma. Esse esforço resultou na edição da Resolução n. 13, em 8 de agosto de 2019.[144] [145]

Segundo Trindade, ao longo do processo de consulta pública, foram feitas 281 contribuições específicas à ANM, das quais 12% foram integralmente aceitas e 27% foram aceitas em parte, além de outras 79 contribuições mais genéricas. A análise feita pelo autor aponta que alguns dos dispositivos mais discutidos, considerando o número de proposições recebidas pela agência reguladora, tratavam de questões eminentemente técnicas, como a proibição de instalações na zona de autossalvamento (art. 3º), e o estabelecimento de cronogramas para a desativação e remoção das instalações localizadas na zona de autossalvamento (art. 4º), para o descomissionamento para todas as barragens alteadas pelo método a

---

[142] AGÊNCIA NACIONAL DE MINERAÇÃO (ANM). *Resolução n. 4, de 15 de fevereiro de 2019*. Estabelece medidas regulatórias cautelares objetivando assegurar a estabilidade de barragens de mineração, notadamente aquelas construídas ou alteadas pelo método denominado "a montante" ou por método declarado como desconhecido.

[143] TRINDADE, A. D. C. *Segurança de Barragens de Mineração: um olhar a partir da Teoria da Regulação pelo Interesse Público. Revista de Direito Setorial e Regulatório*, v. 7, n. 2, outubro 2021. p. 15.

[144] *Idem*, p. 16.

[145] AGÊNCIA NACIONAL DE MINERAÇÃO (ANM). *Resolução n. 13, de 08 de agosto de 2019*. Estabelece medidas regulatórias objetivando assegurar a estabilidade de barragens de mineração, notadamente aquelas construídas ou alteadas pelo método denominado "a montante" ou por método declarado como desconhecido e dá outras providências. Já alterada pela Resolução ANM n. 32, de 11 de maio de 2020, que altera a Portaria n. 70.389, de 17 de maio de 2017 e dá outras providências.

montante (art. 8º), e para que as empresas desenvolvessem soluções para se evitar ou reduzir o aporte de água operacional e da bacia de contribuição para a barragem (arts. 12 e 13).[146]

Muitas dessas medidas olham para a segurança da infraestrutura. São, portanto, medidas estruturais para a redução do risco de desastres. Nota-se, contudo, que se começa a tratar de questões da governança para a redução de riscos. Como exemplo, menciona-se que a Resolução n. 13/2019 impôs obrigações corporativas às empresas envolvidas em desastres ao requerer do executivo de nível mais elevado na hierarquia da empresa a incumbência de assinar declarações de estabilidade de barragem, buscando garantir o necessário envolvimento de dirigentes em temas sobre a segurança de barragens de rejeitos (art. 22, parágrafo único).[147]

Além da regulação advinda ANM, o rompimento da barragem em Brumadinho também resultou em um movimento para a reforma da Política Nacional de Segurança de Barragens (PNSB). Isso também suscitou alguns avanços na regulamentação para a redução de riscos no Brasil.

A PNSB já havia sido originalmente editada em um contexto de resposta a desastres. O PL 1181/2003[148] foi apresentado à Câmara dos Deputados após o rompimento de barragem de rejeitos da Indústria Cataguases de Papel, na cidade de Cataguases, em Minas Gerais, no ano de 2003. A Lei n. 12.334/2010 estabeleceu regras para barragens em geral, incluindo as barragens de rejeitos de mineração, as de rejeitos industriais e as de água, e criou o Sistema Nacional de Informações sobre Segurança de Barragens (SNISB).

A PNSB tinha por objetivos garantir a observância a padrões de segurança para reduzir a possibilidade de acidentes envolvendo barragens,[149] definir ações de segurança a serem adotadas desde o planejamento, projeto e construção, passando pela operação,

---

[146] TRINDADE, A. D. C. Segurança de Barragens de Mineração: um olhar a partir da Teoria da Regulação pelo Interesse Público. *Revista de Direito Setorial e Regulatório*, v. 7, n. 2, p. 16-18, outubro 2021.

[147] *Idem*, p. 19.

[148] CÂMARA DOS DEPUTADOS. *Projeto de Lei n. 1181/2003*. Estabelece diretrizes para verificação da segurança de barragens de cursos de água para quaisquer fins e para aterros de contenção de resíduos líquidos industriais.

[149] A redação foi posteriormente alterada para "acidente ou desastre".

até a desativação e usos futuros da instalação, e promover o monitoramento, o controle e a gestão de riscos (art. 3º).

Em 2020, a política foi alterada com a edição da Lei n. 14.066/2020.[150] A reforma da PNSB segue o mesmo padrão de legislação editada em resposta à ocorrência de um desastre no Brasil, também no setor minerário.

A Lei n. 14.066/2020 decorreu da aprovação do PL n. 550/2019,[151] proposto no Senado Federal apenas 11 dias após o rompimento da Barragem I, na Mina do Córrego do Feijão, em Brumadinho, em 25/01/2019.

Durante a tramitação do PL n. 550/2019, as alterações legislativas se concentraram principalmente em dois temas: as técnicas utilizadas pelas atividades do setor minerário brasileiro, e as regras para a responsabilização e imposição de sanções às mineradoras após a ocorrência de desastres, conforme ilustra a notícia veiculada pelo Senado Federal:

> O Senado aprovou regras mais duras para segurança de barragens, com diversas exigências para as mineradoras e demais empresas responsáveis por essas estruturas. O projeto (PL 550/2019) proíbe o uso de barragem a montante, o tipo que rompeu em Brumadinho (MG) em janeiro de 2019, e prevê multas de R$ 2 mil até R$ 1 bilhão. No caso de barragens de rejeitos de mineração, será obrigatório elaborar um Plano de Ação Emergencial, prevendo medidas para o caso de acidentes. O relator da proposta, senador Antonio Anastasia (PSD-MG), explicou como as multas administrativas podem ser aplicadas. Porém, o senador Fabiano Contarato (Rede-ES) lamentou que os responsáveis pelas barragens negligenciadas não sejam condenados por crime hediondo. Ele questionou a eficácia das multas de baixo valor. Autora da proposta, a senadora Leila Barros (PSB-DF) entende que, com o texto aprovado, já haverá melhoras significativas na legislação.[152]

---

[150] BRASIL. Lei n. 14.066, de 30 de setembro de 2020. Altera a Lei n. 12.334, de 20 de setembro de 2010, que estabelece a Política Nacional de Segurança de Barragens (PNSB), a Lei n. 7.797, de 10 de julho de 1989, que cria o Fundo Nacional do Meio Ambiente (FNMA), a Lei n. 9.433, de 8 de janeiro de 1997, que institui a Política Nacional de Recursos Hídricos, e o Decreto-Lei n. 227, de 28 de fevereiro de 1967 (Código de Mineração).

[151] BRASIL. Projeto de Lei n. 550, de 07 de fevereiro de 2019. Altera a Lei n. 12.334, de 20 de setembro de 2010, para reforçar a efetividade da Política Nacional de Segurança de Barragens (PNSB), e a Lei n. 9.433, de 8 de janeiro de 1997, para dotar de novos instrumentos o Conselho Nacional de Recursos Hídricos (CNRH) no exercício de sua atribuição de zelar pela implementação da PNSB.

[152] SENADO FEDERAL. *Senado aprova regras mais rígidas para segurança de barragens*. Brasília: Agência Senado, 3 set. 2020.

A lei proibiu a construção ou o alteamento de barragem de mineração pelo método a montante (art. 2-A, caput). Foi estabelecido prazo para a conclusão da descaracterização das barragens construídas ou alteadas por esse método (art. 2-A, §2º), e foi prevista a caracterização de infração administrativa pelo descumprimento das obrigações estabelecidas na lei pelo empreendedor (art. 17-A).

Apesar disso, outras medidas de governança, ou não estruturais, para a redução do risco de desastres merecem destaque.

Conforme apontado anteriormente, o monitoramento para a redução de risco de desastres não foi uma novidade integralmente trazida pela reforma da PNSB, pois já era previsto na PNPDEC, e, no setor minerário, por normativas do então DNPM. A novidade foi a inclusão de novas formas de participação externa nesse processo.

Antes de adentrar essa discussão, medida é necessário considerar a complexidade do sistema de governança voltado à fiscalização e monitoramento de barragens.

A implementação de sistema de monitoramento de segurança de barragem é uma obrigação do empreendedor (Portaria n. 70.389/2017, art. 7º, alterada pela Resolução ANM n. 40/2020). Entretanto, o sistema de fiscalização e monitoramento trazido pela PNSB envolve uma rede de governança expandida muito mais ampla.

Como órgão fiscalizador, o *caput* do artigo 5º da PNSB inclui as seguintes entidades:

Art. 5º A fiscalização da segurança de barragens caberá, sem prejuízo das ações fiscalizatórias dos órgãos ambientais integrantes do Sistema Nacional do Meio Ambiente (Sisnama):
I – à entidade que outorga o direito de uso dos recursos hídricos, observado o domínio do corpo hídrico, quando o objeto for de acumulação de água, exceto para fins de aproveitamento hidrelétrico; (Redação dada pela Lei n. 14.066, de 2020)
II – à entidade que concede, autoriza ou registra o uso do potencial hidráulico, quando se tratar de uso preponderante para fins de geração hidrelétrica; (Redação dada pela Lei n. 14.066, de 2020)
III – à entidade que regula e fiscaliza as atividades minerárias, para fins de disposição de rejeitos, observado o disposto no inciso V do caput deste artigo; (Redação dada pela Lei n. 14.066, de 2020)
IV – à entidade que concede a licença ambiental, para fins de disposição de resíduos industriais; (Redação dada pela Lei n. 14.066, de 2020)

V – à entidade que regula, licencia e fiscaliza a produção e o uso da energia nuclear, quando se tratar de disposição de rejeitos de minérios nucleares. (Incluído pela Lei n. 14.066, de 2020)

O esquema abaixo ilustra a responsabilidade de fiscalização para cada tipo de barragem:

Figura 4 – Órgãos fiscalizadores de barragens no Brasil

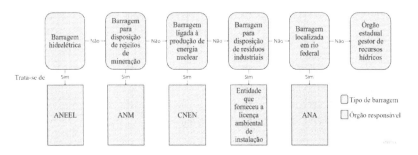

Fonte: Elaboração própria a partir de ANA.[153]

Assim, é preciso, mais uma vez, entender a estrutura de governança complexa à qual caberia a fiscalização de barragens e, consequentemente, a manutenção de canal de comunicação. Segundo a ANA, há hoje 34 entidades fiscalizadoras de barragens no Brasil.[154]

Gabriela Farias Abu-El-Haj ressalta, considerando o exemplo do setor minerário, que além da ANM e das organizações atuantes

---

[153] AGÊNCIA NACIONAL DE ÁGUAS E SANEAMENTO BÁSICO (ANA). *Quem fiscaliza*: confira quem são os fiscalizadores de segurança de barragens. Confira quem são os fiscalizadores de Segurança de Barragens. Disponível em: https://www.snisb.gov.br/portal-snisb/quem-fiscaliza. Acesso em: 8 fev. 2023.

[154] O site do SNISB cita: ANA, FEMARH/RR, SEMA/MT, INEMA/BA, APAC/PE, IMASUL/MS, ADASA/DF, IAT/PR, FEAM/MG, INEA/RJ, AGERH/ES, SEMAD/GO, SRH/CE, DAEE/SP, IGARN/RN, DRHSEMA/RS, ANM, SEMARH/AL, SEMAS/PA, IPAAM/AM, SEDAM/RO, AESA/PB, CETESB/SP, SEMA/MA, ANEEL, IMAC/AC, NATURATINS, SEMAR/PI, SDE/SC, IGAM/MG, SEDURBS/SE, SEMAD/MG, CNEN, SEMA/AP, *cf.* AGÊNCIA NACIONAL DE ÁGUAS E SANEAMENTO BÁSICO (ANA). *Quem fiscaliza*: confira quem são os fiscalizadores de segurança de barragens. Confira quem são os fiscalizadores de Segurança de Barragens. Disponível em: https://www.snisb.gov.br/portal-snisb/quem-fiscaliza. Acesso em: 8 fev. 2023. O Relatório de segurança de barragens referente ao ano de 2021 elaborado pela ANA cita outras 11 entidades potencialmente fiscalizadoras, que não teriam licenciado barragens nos últimos anos. *Cf.* AGÊNCIA NACIONAL DE ÁGUAS E SANEAMENTO BÁSICO (ANA). *Relatório de Segurança de Barragens*. Brasília: ANM, 2022.

no setor (empreendedores), compõem o sistema de gestão de barragens uma pluralidade de atores, incluindo as defesas civis no âmbito do Sistema Nacional de Defesa Civil (SINPDEC), órgãos ambientais integrantes do Sistema Nacional do Meio Ambiente (SISNAMA), o Ministério de Minas Energia, o Conselho Nacional de Recursos Hídricos (CNRH), conselhos profissionais como o Conselho Federal de Engenharia, Arquitetura e Agronomia (CONFEA) e o Conselho Regional de Engenharia, Arquitetura e Agronomia (CREA), o Comitê Brasileiro de Barragens (CBDB), além de organizações não governamentais defensoras do meio ambiente e de direitos humanos, governos municipais e estaduais, empregados diretos e indiretos das empresas mineradoras, o corpo de bombeiros e as polícias militares e civis, e a população que vive no entorno do empreendimento e é potencialmente atingida, caso um desastre venha a ocorrer.[155]

Essa pluralidade de atores pode gerar dificuldades na atribuição de funções e coordenação de responsabilidades.

A atuação dos órgãos reguladores é baseada no acompanhamento das ações de segurança realizadas pelas organizações responsáveis pelas barragens.[156] Em outras palavras, a responsabilidade legal pela segurança da barragem e pela implementação das ações necessárias é do empreendedor (art. 4º, III), enquanto à agência reguladora cabe assegurar que a conduta do empreendedor se alinhe aos objetivos estabelecidos na PNSB.[157]

Os empreendedores, por sua vez, não compõem um grupo homogêneo. Conforme o levantamento feito pela ANA para o ano de 2021, cerca de 50% das barragens sujeitas à PNSB pertencem a empreendedores particulares (2.711), 8% a empreendedores públicos dependentes do orçamento dos Estados (414), 7% a estatais não dependentes dos orçamentos da União, Estados e Municípios (399), 6% a empreendedores públicos dependentes do orçamento da União (354), e 6% a empreendedores públicos dependentes dos orçamentos

---

[155] FARIAS ABU-EL-HAJ, G. Aplicação de regulação responsiva e redes de governança na regulação da segurança de barragens de rejeitos de mineração no Brasil. *Journal of Law and Regulation*, [s.l.], v. 6, n. 1, p. 68-98, 2020. p. 91.

[156] *Idem*, p. 73.

[157] *Idem*, p. 74.

dos Municípios (320).[158] Os 23% restantes não têm informações sobre os empreendedores cadastradas no SNISB.[159]

É nesse emaranhado de atores públicos e privado que se inserem as estratégias de monitoramento e gestão de desastres propostas pela alteração da PNSB. O próprio processo de regulamentação setorial da norma é impactado por esse cenário.

A PNSB é bastante programática e determina que os órgãos fiscalizadores regulamentem questões como a periodicidade de execução ou atualização da fiscalização, a qualificação dos responsáveis técnicos, o conteúdo mínimo e o nível de detalhamento do Plano de Segurança da Barragem (PSB), das Inspeções de Segurança Regular e Especial (ISR e ISE), da Revisão Periódica de Segurança de Barragem (RPSB) e do Plano de Ação de Emergência (PAE), conforme estabelecido nos artigos 8º, 9º, 10º, 11 e 12. Em decorrência disso, abre espaço para que cada setor regulamente essas questões conforme as melhores práticas e técnicas. Por outro lado, pode resultar em uma proliferação de um arcabouço normativo sobre a redução de risco de desastres envolvendo barragens no Brasil.

O levantamento feito pela ANA identificou uma série de regulamentos referentes a tais artigos e outras disposições sobre segurança de barragens para o período de 2021. Segundo a agência reguladora, foram emitidos cinco regulamentos por quatro órgãos fiscalizadores, sobretudo para adequação às novas disposições da PNSB. Segundo o estudo, 28 fiscalizadores já regulamentaram os artigos da PNSB que careciam de algum ato infralegal, como as disposições relativas a Plano de Segurança de Barragem, Inspeções de Segurança Regular e Especial, Revisão Periódica da Segurança da Barragem e Plano de Ação de Emergência.[160]

---

[158] Segundo o levantamento, em 2021, os empreendedores com maior número de barragens cadastradas foram o Departamento Nacional de Obras Contra as Secas (DNOCS), com 228 barragens; a Vale S/A, com 113 Barragens; COGERH/CE, com 91 barragens; SEIRHMA/PB, com 84 barragens; COMPESA, com 75 barragens; CODEVASF, com 61 barragens; e SEMARH/RN, com 55 barragens. *Cf.* AGÊNCIA NACIONAL DE ÁGUAS E SANEAMENTO BÁSICO (ANA). *Relatório de Segurança de Barragens*. Brasília: ANM, 2022.

[159] *Idem.*

[160] Alguns dos diplomas editados para tanto ilustram esse cenário: a Resolução n. 56/2021 da ANM, que retificam ou esclarecem itens da Resolução n. 51/2020; a Resolução SEMAGRO n. 757/2021 do IMASUL/MS, que regulamentou os procedimentos e critérios complementares para a classificação de barragens, bem como regulamentou o PSB, as ISR e ISE, a RPSB e o PAE, substituindo a Resolução SEMADE n. 44/2016; a Portaria n. 1.634/2021

Novamente, a pluralidade de órgãos fiscalizadores envolvidos na PNSB pode fazer com que as obrigações de monitoramento fiquem pulverizadas entre órgãos em diferentes níveis federativos. Entendidas as sensibilidades desse contexto institucional, menciona-se uma estratégia regulatória de cunho não estrutural incorporada pela Lei n. 14.066/2020 que pode ser afetada pelas questões colocadas até aqui: a obrigação do estabelecimento de canais e tratamento de denúncias voltados à prevenção de desastres decorrentes do rompimento de barragens (§3º do art. 5º), de responsabilidade do órgão fiscalizador. Essa é uma inovação importante trazida pela PNSB que será tratada mais detidamente nos próximos capítulos.

2.3 Os caminhos da regulação nacional e internacional para a redução do risco de desastres

A seguir, retomam-se os principais argumentos apresentados até aqui.

A literatura sobre desastres aponta para uma série de fatores organizacionais que podem levar à ocorrência de desastres. Tais fatores ajudaram a informar a construção de possíveis estratégias para a redução prévia dos riscos que levam a desastres.

Conforme visto neste capítulo, essa literatura passou a reconhecer cada vez mais o papel do direito na regulação da atividade de atores públicos e privados como um fator essencial para

---

do DAEE/SP, que estabeleceu critérios para a classificação de barragens, e regulamentou o PSB, as ISR e ISE, a RPSB e o PAE), substituindo a Portaria DAEE n. 7.385/2020; e a Instrução Técnica IT-CTH n. 01/2021, que estabeleceu procedimentos para elaboração, revisão e apresentação de Plano de Segurança de Barragem Simplificado (PSBsimples), em complemento ao Anexo III da Portaria DAEE N. 1.634/2021; a Portaria n. 27/2021 da SEDURBS/SE, que regulamentou o PSB, as ISR e ISE, a RPSB e o PAE, substituindo as Portarias SEMARH n. 20/2015 e n. 58/2017; o Ofício Circular n. 06/20121 – GAB/DRH/DIOUT/SEMA, da SEMA-RS, com orientações transitórias para atendimento à Política de Segurança de Barragens no Rio Grande do Sul; e o Decreto 48140/2021, do Governo do Estado de Minas Gerais, que regulamenta dispositivos da Lei n. 23.291/2019, que institui a Política Estadual de Segurança de Barragens, e estabelece medidas para aplicação do art. 29 da Lei n. 21.972/2016. *Cf.* AGÊNCIA NACIONAL DE ÁGUAS E SANEAMENTO BÁSICO (ANA). *Relatório de Segurança de Barragens*. Brasília: ANA, 2022.

a redução de riscos. Esse movimento se refletiu na edição de uma série de documentos e marcos normativos internacionais voltados a estabelecer parâmetros para a redução de riscos de desastres a serem implementados pelos países por meio da legislação interna e de políticas públicas.

Apesar de seguir um movimento internacional nesse sentido, percebe-se um caráter bastante reativo a desastres na legislação brasileira. A ocorrência de enchentes e deslizamentos de terra, por exemplo, foi um fator relevante no processo de construção da Política Nacional de Proteção e Defesa Civil (PNPDEC), enquanto a recorrência de desastres envolvendo barragens de rejeitos de mineração influenciou a edição e reforma da Política Nacional de Segurança de Barragens (PNSB).

Em suma, a PNPDEC e a PNSB podem ser consideradas políticas complementares. Enquanto a primeira pode ser vista como mais próxima a políticas de prevenção de desastres naturais, a segunda está diretamente ligada a desastres tecnológicos envolvendo barragens.

A PNPDEC e os demais diplomas normativos que compõem a governança da Defesa Civil para a redução de risco de desastres estão fortemente ligados a uma concepção de redução de riscos dos chamados desastres naturais, concentrando-se na resposta a grandes deslizamentos, queimadas, estiagens e outros desastres. De forma geral, essa proposta se volta prioritariamente para a construção da resiliência a desastres por meio de obras de infraestrutura, monitoramento e preparo para eventuais ações de resposta que o poder público tenha que tomar, caso desastres venham a acontecer. Tais medidas influenciam diretamente na capacidade, exposição e vulnerabilidade, atributos que compõem o risco de desastres e podem levar à sua concretização.

No caso da PNSB, é importante considerar que, ainda que a política represente um avanço para a redução de riscos de desastres tecnológicos envolvendo barragens, ela tem uma abrangência setorial restrita. Para pensar a prevenção de desastres de forma ampla, é necessário investigar e promover a adoção de tais estratégias em outros setores propensos à ocorrência de desastres.

Em comum, as duas políticas estão inseridas em um contexto de normatização internacional sobre o tema, mas, principalmente, representam medidas de resposta do direito brasileiro a desastres ocorridos nas últimas décadas.

Ainda, ambas compõem um quadro normativo e institucional complexo para a gestão e redução de riscos de desastres no Brasil, trazendo desafios de coordenação de responsabilidades dentro do poder público. Percebe-se que as reformas na legislação sobre o tema agregaram uma série de instituições em vários níveis federativos, que passaram a ter competências e responsabilidades nesta matéria, inclusive competências transversais de cooperação que podem resultar em desafios para a coordenação das medidas a serem tomadas ao longo do ciclo de um desastre. Isso pode, consequentemente, implicar em dificuldades para a implementação de uma prevenção efetiva. Nesse sentido, a edição de normas de forma descoordenada em resposta a desastres como paliativo de contenção da opinião pública, sem a revisão da normativa existente, no intuito de aumentar no imediato a prevenção, pode gerar atropelos, contradições e novas dúvidas.[161]

Há, portanto, uma evolução da normatização de medidas estruturais e não estruturais para lidar com desastres.

Para além do olhar normativo, também a literatura sobre desastres trouxe contribuições importantes para entender a regulação de estratégias de redução de riscos de desastres. O capítulo a seguir trata desse tema.

---

[161] SARAIVA, Rute; SARAIVA, Jorge. A prevenção de desastres. *E-Pública*: Revista Eletrónica de Direito Público, Lisboa, v. 7, n. 2, p. 94-125, set. 2020. p. 108-109.

CAPÍTULO 3

CONSTRUÇÃO DE ESTRATÉGIAS E MEDIDAS PARA A REDUÇÃO DO RISCO DE DESASTRES ATRAVÉS DA REGULAÇÃO

De maneira convergente com a regulamentação nacional e internacional de estratégias para a redução do risco de desastres, também a literatura sobre a regulação se voltou para a discussão de diferentes mecanismos jurídicos que poderiam corroborar com esse objetivo.

A regulação para a redução do risco de desastres busca a identificação prévia desses riscos, a fim de possibilitar a adoção de medidas de prevenção e mitigação.

Este capítulo parte de uma incursão nesta literatura para tentar mapear e sistematizar as estratégias apresentadas no quadro abaixo. Em seguida, cada uma delas será comentada mais detidamente.

Quadro 1 – Estratégias para a redução do risco de desastres

Categoria	Estratégia	Medidas de redução de risco
Medidas tradicionais de comando e controle	Categoria de emergência	Estado de anormalidade que permite o recurso a medidas excepcionais, incluindo a restrição de direitos.
	Seguros	Avaliação dos possíveis impactos financeiros de um desastre causado por atividades de risco e uso de seguros com base nos riscos identificados.
	Sanções	Imposição de multas ou outras sanções pecuniárias de forma a refrear o comportamento violador e reparar as pessoas atingidas pelos danos sofridos.
		Responsabilização civil ou penal pelos danos decorrentes de um desastre.
Medidas baseadas na participação e colaboração para a redução do risco de desastres	Estabelecimento de mecanismos internos de controle e garantia de transparência sobre as decisões das organizações	Mecanismos organizacionais de controle e responsabilização de administradores por ações de seus subordinados.
		Procedimentos de notificação interna de riscos de desastres e proteção a reportantes.
	Autorregulação setorial	Estabelecimento de parâmetros mínimos ou gerais pela legislação setorial para a adoção de melhores técnicas na identificação e prevenção de riscos.
	Análise de Impacto Regulatório	Identificação de riscos durante a avaliação de impacto regulatório e participação de agentes privados na regulamentação.
	Construção participativa de medidas de emergência e resposta	Identificação de medidas para a composição de planos de ação e emergência, com garantia de participação da população e pessoas potencialmente atingidas.
	Fiscalização	Fiscalização em loco periódica pelo órgão público responsável.
	Monitoramento	Monitoramento do cumprimento da legislação ao longo do tempo, permitindo aprimoramentos técnicos e normativos.
	Sistemas de alerta	Uso de sirenes e outros dispositivos para alerta da população.
		Canais de denúncia

Fonte: Elaboração própria.

As estratégias mencionadas são por vezes divididas em dois grupos: medidas tradicionais de comando e controle e novas propostas de medidas baseadas na participação e colaboração entre agentes públicos e privados para a redução de riscos de desastres.

3.1 Medidas tradicionais de comando e controle para a redução do risco de desastres

A partir do modelo tradicional de regulação para a redução de riscos são mencionadas algumas medidas: (i) o recurso à categoria de emergência; (ii) o uso de seguros sobre os riscos; e (iii) a imposição de sanções.

O recurso à categoria de emergência representa uma válvula de segurança para a ordem jurídica que permite o uso de poderes excepcionais pelo poder público, a fim de adotar medidas para o restabelecimento da normalidade.[162] A ideia é viabilizar a adoção célere de medidas excepcionais frente a riscos ou situações de crise, sejam desastres, situações de emergência ou de calamidade pública.

Dois conceitos importantes para isso são o estado de calamidade pública e a situação de emergência. No Brasil, o Decreto n. 10.593/2020 os define como:

> VIII – estado de calamidade pública – situação anormal provocada por desastre que causa danos e prejuízos que impliquem o comprometimento substancial da capacidade de resposta do Poder Público do ente federativo atingido ou que demande a adoção de medidas administrativas excepcionais para resposta e recuperação;
> [...]
> XIV – situação de emergência – situação anormal provocada por desastre que causa danos e prejuízos que impliquem o comprometimento parcial da capacidade de resposta do Poder Público do ente federativo atingido ou que demande a adoção de medidas administrativas excepcionais para resposta e recuperação. (Decreto n. 10.593/2020, art. 2º, inc. VIII e XIV).

O ordenamento brasileiro estabelece, portanto, uma gradação entre a situação de emergência, que indica um cenário

---

[162] SIMONCINI, Marta. Regulating Catastrophic Risks by Standards. *European Journal of Risk Regulation*, [s.l.], v. 2, n. 1, p. 37-50, mar. 2011. p. 39.

em que o poder público está com a sua capacidade de resposta parcialmente comprometida, e o estado de calamidade pública, que indica um cenário de comprometimento substancial. O reconhecimento de situação de emergência ou estado de calamidade pública implica que Estados, Distrito Federal ou Municípios poderão solicitar apoio ao Poder Executivo Federal (Lei n. 12.340/2010, art. 3º), geralmente concretizado pela transferência de recursos financeiros.[163][164]

A mobilização dessas categorias é importante, principalmente, para garantir que medidas imediatas de resposta e a reconstrução sejam viabilizadas. Uma vez ocorrido o desastre, é provável que medidas de resposta logo após a ocorrência do evento danoso sejam tomadas sem a participação, tendo em vista a necessidade de rapidez na tomada de decisão para evitar o agravamento da situação. Ainda assim, Marta Simoncini aponta que o recurso a essa categoria pode abrir espaço para o uso indevido de atalhos jurídicos, da atuação do Estado por meio de decretos executivos, sem a devida apreciação legislativa, às possíveis derrogações significativas de

---

[163] A Portaria n. 526, de 06 de setembro de 2012 (posteriormente alterada pela Portaria n. 25 de 24 de janeiro de 2013) e a Instrução Normativa n. 1, de 24 de agosto de 2012 (posteriormente revogada pela Instrução de Normativa n. 2, de 20 de dezembro de 2016, esta revogada pela Instrução Normativa n. 36, de 04 de dezembro de 2020) estabeleceram os procedimentos para a solicitação de reconhecimento de situação de emergência e de estado de calamidade pública meio do Sistema Integrado de Informações sobre Desastres (S2ID). *Cf.* BANCO MUNDIAL. Global Facility for Disaster Reduction and Recovery. Fundação de Amparo à Pesquisa e Extensão Universitária. Universidade Federal de Santa Catarina. Centro de Estudos e Pesquisas em Engenharia e Defesa Civil. *Relatório de danos materiais e prejuízos decorrentes de desastres naturais no Brasil*: 1995 – 2019 / Banco Mundial. Global Facility for Disaster Reduction and Recovery. Fundação de Amparo à Pesquisa e Extensão Universitária. Centro de Estudos e Pesquisas em Engenharia e Defesa Civil. [Organização Rafael Schadeck] – 2. ed. – Florianópolis: FAPEU, 2020. p. 18.

[164] BRASIL. *Lei n. 12.340, de 1º de dezembro de 2010.* Dispõe sobre as transferências de recursos da União aos órgãos e entidades dos Estados, Distrito Federal e Municípios para a execução de ações de prevenção em áreas de risco de desastres e de resposta e de recuperação em áreas atingidas por desastres e sobre o Fundo Nacional para Calamidades Públicas, Proteção e Defesa Civil; e dá outras providências. (Redação dada pela Lei n. 12.983, de 2014). Conforme disciplinado pelo Decreto n. 11.219, de 5 de outubro de 2022. Regulamenta o art. 1º-A, o art. 3º, o art. 4º, o art. 5º e o art. 5º-A da Lei n. 12.340, de 1º de dezembro de 2010, para dispor sobre as transferências obrigatórias de recursos financeiros da União aos Estados, ao Distrito Federal e aos Municípios para a execução de ações de prevenção em áreas de risco de desastres e de resposta e recuperação em áreas atingidas por desastres. Os procedimentos a serem adotados para as transferências de recursos da União são atualmente regulamentados nas Portarias n. 3.033, n. 3.036 e n. 3.040 de 4 de dezembro de 2020.

direitos constitucionais, incluindo restrições ao exercício de direitos fundamentais.[165] A autora também alerta para o recurso a esse tipo de ferramenta jurídica e a possível manutenção de uma ordem extraordinária para além do período de emergência,[166] ampliando demasiadamente a capacidade de atuação do poder público em detrimento do gozo de liberdades individuais.[167]

Em um exemplo prático, pode-se considerar o caso da pandemia de Covid-19, na qual foram impostas restrições à circulação das pessoas e a obrigatoriedade do uso de Equipamentos de Proteção Pessoal (Epis). Dados da Secretaria Nacional de Proteção e Defesa Civil e da Universidade Federal de Santa Catarina levantados a partir do Sistema Integrado de Informações sobre Desastres (S2ID) mostram que 4.411 Municípios, aproximadamente 80% do total de Municípios brasileiros, decretaram pelo menos uma vez ou situação de emergência ou estado de calamidade pública entre 2020 e 2021 por conta da pandemia.[168] [169]

Na prática, o recurso a essas categorias parece dizer mais sobre a resposta a desastres do que sobre a prevenção e a redução de riscos. Nesse sentido, aponta para a perpetuação de uma lógica pautada na

---

[165] VOIGT, Stefan. Contrato para a Catástrofe: Legitimação das Constituições de Emergência com Base na Teoria do Contrato Social. *Revista de Direito Público da Economia* – RDPE, Belo Horizonte, ano 19, n. 75, p. 249-278, jul./set. 2021.

[166] Fora de um estado de irregularidade na manutenção da situação de emergência, é importante considerar que, no caso de desastres graduais ou continuados, a ocorrência de um único evento pode durar mais de um ano. No exemplo brasileiro, os registros de seca ou estiagem muitas vezes são duplicados, de modo a estender a validade do decreto, que a princípio perdura por 180 dias, durante todo o período de anormalidade ocasionado pelo desastre. *Cf.* MINISTÉRIO DO DESENVOLVIMENTO REGIONAL. Secretaria Nacional de Proteção e Defesa Civil. Universidade Federal de Santa Catarina. Centro de Estudos e Pesquisas em Engenharia e Defesa Civil. *A P&DC e os 30 anos de desastres no Brasil*: (1991 – 2020) / Ministério do Desenvolvimento Regional, Secretaria Nacional de Proteção e Defesa Civil, Universidade Federal de Santa Catarina, Centro de Estudos e Pesquisas em Engenharia e Defesa Civil. Florianópolis: Fepese, 2022. p. 30.

[167] SIMONCINI, Marta. Regulating Catastrophic Risks by Standards. *European Journal of Risk Regulation*, [s.l.], v. 2, n. 1, p. 37-50, mar. 2011. p. 39.

[168] MINISTÉRIO DO DESENVOLVIMENTO REGIONAL. Secretaria Nacional de Proteção e Defesa Civil. Universidade Federal de Santa Catarina. Centro de Estudos e Pesquisas em Engenharia e Defesa Civil. *A P&DC e os 30 anos de desastres no Brasil*: (1991 – 2020) / Ministério do Desenvolvimento Regional, Secretaria Nacional de Proteção e Defesa Civil, Universidade Federal de Santa Catarina, Centro de Estudos e Pesquisas em Engenharia e Defesa Civil. Florianópolis: Fepese, 2022. p. 27.

[169] Também o Decreto Legislativo n. 6 de 2020 reconheceu estado de calamidade pública para os fins do art. 65 da Lei Complementar n. 101/2000, para avaliação da situação fiscal e a execução orçamentária e financeira das medidas relacionadas à pandemia.

prevalência da resposta, em vez de incentivar o desenvolvimento de medidas de prevenção e redução de riscos.

Outra abordagem diz respeito ao uso de seguros prevendo a ocorrência de eventuais desastres, o que consiste em uma espécie de avaliação econômica prévia da dimensão dos riscos decorrentes de determinada atividade. Essa abordagem se baseia na estimativa das possíveis perdas, de forma a garantir que, uma vez ocorrido um desastre ou evento danoso, será possível arcar com os custos da reparação ou de eventuais sanções.[170]

A literatura apresenta dois problemas principais quanto ao uso de seguros como estratégia para a redução de riscos. O primeiro diz respeito à dificuldade de avaliar previamente os custos desses riscos de forma precisa. Tal a avaliação é geralmente feita de forma comparativa aos custos de desastres já ocorridos, sem levar em consideração características específicas do local do empreendimento, da população potencialmente atingida, ou da atividade realizada, gerando distorções.[171] Um segundo problema a ser apontado é que essa abordagem, tomada isoladamente, não implica na adoção de medidas para a mitigação dos riscos identificados, de forma a buscar efetivamente a redução do risco de desastres.

Por fim, a terceira abordagem pontuada é a forma mais tradicional de comando e controle. Busca-se evitar danos às pessoas e ao meio ambiente exigindo que as organizações tomem certas medidas para garantir a segurança e proteger o meio ambiente, sob ameaças de aplicação de multas e outras sanções.[172] Aqui, delega-se aos particulares parte da responsabilidade de agir sobre os riscos gerados pelas suas atividades. Uma vez ocorrido o desastre, a aplicação de sanções também é uma forma de financiar os gastos da reparação do desastre.

A crítica à adoção isolada de sanções como incentivo para a não infração de normas aponta, no entanto, que esse modelo

---

[170] SIMONCINI, Marta. Regulating Catastrophic Risks by Standards. *European Journal of Risk Regulation*, [s.l.], v. 2, n. 1, p. 37-50, mar. 2011. p. 39.

[171] *Idem, Ibidem.*

[172] FLOURNOY, Alyson; SHAPIRO, Sidney; ANDREEN, William; MCGARITY, Thomas; GOODWIN, James. *The BP Catastrophe*: when hobbled law and hollow regulation leave americans unprotected. *Center For Progressive Reform White Paper*, Washington, DC, p. 1-36, jan. 2011. p. 3.

considera que atores racionais incluirão os custos de punição em seus cálculos e serão dissuadidos do comportamento violador.[173] Em outras palavras, o agente econômico pode fazer um cálculo de vantajosidade entre adotar medidas de redução de risco ou incorporar os custos de eventuais sanções aos custos da atividade exercida. Em um contexto de baixo *enforcement* a violações reiteradas, a punição pecuniária deixa de ser suficiente como estratégia para o controle social e redução do risco de desastres, levando à normalização do desvio.[174]

Cabe mencionar que a reforma da PNSB parece ter caminhado no sentido da adoção de estratégias tradicionais da regulação para a redução do risco de desastres, com destaque para a atualização da normativa técnica do setor e da utilização da responsabilização e aplicação de sanções pecuniárias, conforme mencionado anteriormente.

3.2 Alternativas regulatórias baseadas na participação e colaboração para a redução do risco de desastres

As medidas apresentadas até aqui são consideradas medidas tradicionais de comando e controle. No entanto, tendo em vista que desastres seguem acontecendo, há autores que defendem o uso de outros recursos para a redução de riscos de desastres, como alternativas regulatórias.

As primeiras medidas apresentadas revelam uma abordagem organizacional, que olha para o funcionamento de empresas ou outros agentes privados envolvidos em desastres e busca elencar mudanças internas que poderiam corrigir erros e reduzir riscos.

As primeiras medidas são estratégias de governança corporativa.

Primeiramente, cita-se a proposta de que a regulação imponha mudanças nas estruturas e processos de decisão interna

---

[173] VAUGHAN, Diane. Rational Choice, Situated Action, and the Social Control of Organizations. *Law & Society Review*, [s.l.], v. 32, n. 1, p. 23-24, 1998.

[174] *Idem*, p. 49.

das organizações para alterar a composição, responsabilidades, autoridade e função dos conselhos de administração das empresas,[175] tendo em vista a inclusão de normas sobre manipulação de informações, instalação de inspetores governamentais, sistemas de relatórios internos detalhados e a proteção de reportantes.[176]

Uma segunda estratégia é tentar evitar situações de escassez de recursos e tempo para a realização de demandas de segurança, gerando pressões para que regras e padrões de conduta e produção sejam violados em nome da produtividade e comprimento de metas. Nesse sentido, Vaughan sugere que a regulação poderia tornar os administradores de organizações corresponsáveis pelos atos de seus subordinados, de forma a adicionar uma camada de controle interno, com o objetivo de fazer com que as metas da organização estejam em harmonia com os recursos disponíveis.[177]

Nesse sentido, a Resolução ANM n. 13/2019, já citada, impôs ao executivo de nível mais elevado na hierarquia das mineradoras a incumbência de assinar declarações de estabilidade de barragem, buscando o necessário envolvimento de dirigentes em temas relacionados a barragens de rejeitos (art. 22, parágrafo único).[178]

A abordagem organizacional parte do princípio de que as organizações têm maior conhecimento dos riscos de suas atividades que os próprios órgãos de fiscalização e controle e, portanto, seriam as mais qualificadas a agir sobre esses riscos.

Charles Sabel, Gary Herrigel e Peer Hull Kristensen questionam essa suposição. Os autores apontam que, tradicionalmente, assumia-se que as organizações conheciam todos os riscos decorrentes das atividades exercidas e os custos correspondentes para a sua mitigação, enquanto o regulador público não teria acesso à todas as informações necessárias para o próprio exercício da atividade

---

[175] STONE, Christopher. *Where the Law Ends*: The Social Control of Corporate Behavior. Harper & Row, 1975, p. 122-83. Apud. VAUGHAN, Diane. Rational Choice, Situated Action, and the Social Control of Organizations. *Law & Society Review*, [s.l.], v. 32, n. 1, 1998. p. 50.

[176] VAUGHAN, Diane. Rational Choice, Situated Action, and the Social Control of Organizations. *Law & Society Review*, [s.l.], v. 32, n. 1, p. 50-51, 1998.

[177] *Idem*, p. 51.

[178] TRINDADE, A. D. C. *Segurança de Barragens de Mineração: um olhar a partir da Teoria da Regulação pelo Interesse Público*. Revista de Direito Setorial e Regulatório, v. 7, n. 2, p. 19, outubro 2021.

de fiscalização. Nesse cenário, as organizações teriam incentivos estratégicos para usar dessa assimetria de informações e frustrar a fiscalização. Ao mesmo tempo, o regulador deveria obter as informações necessárias para estabelecer normas economicamente viáveis, evitando ceder o controle regulatório ao seu destinatário.[179] Entretanto, essa já não seria a realidade. Para os autores, a complexificação das atividades humanas e a alta produção de riscos por organizações estaria forçando tanto as organizações quanto os reguladores a enfrentar o problema da incerteza. Nesse contexto, os autores acreditam ser possível que nem o regulador nem as empresas reguladas saibam quais os riscos existentes e o que precisa ser feito para mitigá-los.[180] Tendo em vista esse cenário de escassez informacional, eles apostam na autorregulação setorial como estratégia para a redução do risco de desastres.

Ao analisar o caso do vazamento na plataforma de petróleo Deep Water Horizon, em 2010, Black encontra falhas em uma regulação setorial altamente prescritiva. A autora entende que as técnicas em uso pela indústria não eram regulamentadas, pois não estavam cobertas pela legislação defasada. Após o desastre, o governo dos Estados Unidos teria adotado um sistema semelhante ao então usado na Noruega e no Reino Unido, referido como autorregulação forçada ou regulação baseada em gestão, que estabelece objetivos gerais, deixando para os agentes regulados o dever de desenvolver e apresentar suas medidas de segurança ao regulador para aprovação.[181]

Da mesma forma, Fiona Haines afirma que há apoio na literatura regulatória para abordagens baseadas em resultados e colaboração, mostrando o valor de regras gerais que permitem maior flexibilidade e métodos colaborativos de controle de riscos, como a autorregulação forçada, a regulação baseada em gestão e a metarregulação.[182] No caso da metarregulação, os meios para

---

[179] SABEL, Charles; HERRIGEL, Gary; KRISTENSEN, Peer Hull. Regulation under uncertainty: the coevolution of industry and regulation. *Regulation & Governance*, [s.l.], v. 12, n. 3, p. 371-394, 7 jun. 2017. p. 2.

[180] *Idem*, p. 1.

[181] BLACK, Julia. Learning from Regulatory Disasters. *LSE Law, Society and Economy Working Papers*, London, v. 1, n. 24, p. 1-18, 2014. p. 11.

[182] HAINES, Fiona. Regulatory Failures and Regulatory Solutions: a characteristic analysis of the aftermath of disaster. *Law & Social Inquiry*, [s.l.], v. 34, n. 1, p. 31-60, 2009. p. 32.

a redução do risco são desenvolvidos pelo agente regulado, mas os objetivos da política permanecem sob o controle do governo, enfatizando o uso do controle regulatório como ferramenta para aumentar a capacidade de redução do risco de desastres, não apenas para impor demandas.[183]

A defesa da autorregulação em setores propensos à ocorrência de desastres em alguns casos é, por vezes, vista de forma temerária, especialmente devido a uma preocupação com a captura dos órgãos regulatórios pelos setores regulados. Para Black, a regulação baseada na colaboração entre atores públicos e privados funciona bem onde os incentivos da gestão estão suficientemente alinhados com as metas dos reguladores. Onde eles não estão tão alinhados, a técnica é mais vulnerável.[184]

Sabel, Herrigel e Kristensen alegam, no entanto, a respeito do problema da captura, que um aparente tratamento preferencial para as organizações pode ser, na verdade, resultado de relações prolongadas entre agentes reguladores e regulados, e não necessariamente a expressão de uma influência política.[185] Para os autores, o temor a uma abertura para a autorregulação estaria se mostrando cada vez mais ineficaz, limitando sua capacidade de corrigir problemas sistemáticos.[186]

Sabel, Herrigel e Kristensen defendem que a notificação de incidentes e a metarregulação em conjunto poderiam, inclusive, reduzir o risco de captura regulatória.[187]

Para compreender como esse tipo de regulação tem reflexo no modelo brasileiro, é preciso olhar para o modelo de agências reguladoras no Brasil. Nesse esforço, vale uma breve incursão no tema.

A criação de agências reguladoras ganhou força no Brasil após as alterações da Constituição Federal de 1988 realizadas pela reforma do Estado na década de 1990, que pretendia promover a passagem de

---

[183] Cf. Idem, Ibidem.

[184] BLACK, Julia. Learning from Regulatory Disasters. *LSE Law, Society and Economy Working Papers*, London, v. 1, n. 24, p. 1-18, 2014. p. 12.

[185] SABEL, Charles; HERRIGEL, Gary; KRISTENSEN, Peer Hull. Regulation under uncertainty: the coevolution of industry and regulation. *Regulation & Governance*, [s.l.], v. 12, n. 3, p. 371-394, 7 jun. 2017. p. 5.

[186] *Idem*, p. 10-11.

[187] *Idem*, p. 18.

uma administração burocrática para uma administração gerencial,[188] como forma de disposição das relações que compõem a ordem econômica por meio da fiscalização, incentivo e planejamento (art. 174),[189] seguindo uma tendência internacional de criar órgãos de regulação, ou de conferir maior autonomia ou poderes aos já existentes, entre os países que optaram por amplos processos de privatização de serviços básicos.[190]

Assim, a criação de agências como entes autônomos é considerada um passo importante no processo de fortalecimento da regulação como mecanismo de promoção de interesses públicos difusos e da participação na administração pública de agentes que não têm representação no aparelho estatal.[191] As agências criadas no Brasil não seguiram um modelo comum e suas competências não são sempre comparáveis, mas foi mantida alguma semelhança em suas tarefas tipicamente de Estado: são entidades que editam normas, fiscalizam, aplicam sanções, resolvem disputas entre as empresas, e decidem sobre reclamações de consumidores.[192]

A Lei das Agências Reguladoras (Lei n. 13.848/2019)[193] foi editada em 2019, e buscou endereçar uma série de deficiências na atuação das agências. Em auditoria operacional sobre o padrão de governança das agências reguladoras de infraestrutura, o Tribunal de

---

[188] SUNDFELD, Carlos Ari; PEREIRA, Gustavo Leonardo Maia. *Lei Geral da Agências*: os avanços na governança regulatória e o que ficou por fazer. *In:* MATTOS, César. (Org.). A Revolução Regulatória na Nova Lei das Agências. São Paulo: Singular, 2021. p. 3-4.

[189] JURUENA, Cynthia Gruendling; RECK, Janriê Rodrigues. Relação dicotômica entre Estado e mercado? uma análise da lei de liberdade econômica à luz da Constituição. *Revista Quaestio Iuris*, [s.l.], v. 14, n. 4, p. 2232-2233, 10 nov. 2021. Universidade de Estado do Rio de Janeiro.

[190] SUNDFELD, Carlos Ari. Introdução às agências reguladoras, p. 19. *In:* SUNDFELD, Carlos Ari (Coord.). *Direito Administrativo Econômico*. São Paulo: Malheiros, 2000.

[191] JURUENA, Cynthia Gruendling; RECK, Janriê Rodrigues. Relação dicotômica entre Estado e mercado? uma análise da lei de liberdade econômica à luz da Constituição. *Revista Quaestio Iuris*, [s.l.], v. 14, n. 04, p. 2236-2237, 10 nov. 2021. Universidade de Estado do Rio de Janeiro.

[192] SUNDFELD, Carlos Ari. Introdução às agências reguladoras, p. 19. *In:* SUNDFELD, Carlos Ari (Coord.). *Direito Administrativo Econômico*. São Paulo: Malheiros, 2000.

[193] BRASIL. *Lei n. 13.848, de 25 de junho de 2019*. Dispõe sobre a gestão, a organização, o processo decisório e o controle social das agências reguladoras, altera a Lei n. 9.427, de 26 de dezembro de 1996, a Lei n. 9.472, de 16 de julho de 1997, a Lei n. 9.478, de 6 de agosto de 1997, a Lei n. 9.782, de 26 de janeiro de 1999, a Lei n. 9.961, de 28 de janeiro de 2000, a Lei n. 9.984, de 17 de julho de 2000, a Lei n. 9.986, de 18 de julho de 2000, a Lei n. 10.233, de 5 de junho de 2001, a Medida Provisória n. 2.228-1, de 6 de setembro de 2001, a Lei n. 11.182, de 27 de setembro de 2005, e a Lei n. 10.180, de 6 de fevereiro de 2001.

Contas da União (TCU) já havia mapeado, em 2015, problemas com: elevado grau de vacância nos cargos de direção de várias agências; níveis insatisfatórios de transparência dos processos decisórios; uso incipiente e assimétrico da Análise de Impacto Regulatório (AIR); contingenciamentos orçamentários determinados pela chefia do Poder Executivo, que comprometem a autonomia financeira; política frágil de prevenção de conflitos de interesses, afetando a tomada de decisões transparentes, técnicas e livres de ingerências.[194]

No geral, a Lei das Agências refletiu práticas já existentes em quase todas as agências reguladoras federais, como a realização de consultas públicas para a edição de atos normativos e as Análises de Impacto Regulatório, reforçando a importância dessas práticas e uniformizando procedimentos. De outro lado, tentou corrigir distorções da dinâmica institucional e incentivar mudanças, como nos processos de escolha e nomeação de dirigentes.[195] **Apesar disso, Carlos Ari Sundfeld e Gustavo Leonardo Maia Pereira apontam que o** esforço de modernização institucional teve eficácia limitada.[196]

Uma vez que o objetivo de propostas ligadas à autorregulação é aumentar a incidência da sociedade, e principalmente dos agentes regulados, na regulamentação estatal, cabe ressaltar as já apontadas deficiências no controle social das agências reguladoras por dificuldades com baixa transparência, participação assimétrica em audiências e consultas públicas e uso ainda incipiente da análise de impacto regulatório, que atrapalham a criação de espaço público deliberativo.[197]

As agências reguladoras dispõem de poder normativo para que possam editar e substituir normas sobre a sua atividade específica.

---

[194] BRASIL. Tribunal de Contas da União (TCU). *Acórdão n. 240/2015*. Plenário. Relator: Raimundo Carreiro. Sessão 11/02/2015; SUNDFELD, Carlos Ari; PEREIRA, Gustavo Leonardo Maia. *Lei Geral da Agências*: os avanços na governança regulatória e o que ficou por fazer. *In:* MATTOS, César. (Org.). A Revolução Regulatória na Nova Lei das Agências. 1ed.São Paulo: Singular, 2021. p. 4-5.

[195] SUNDFELD, Carlos Ari; PEREIRA, Gustavo Leonardo Maia. *Lei Geral da Agências*: os avanços na governança regulatória e o que ficou por fazer. *In:* MATTOS, César. (Org.). A Revolução Regulatória na Nova Lei das Agências. São Paulo: Singular, 2021. p. 2-3.

[196] Destaca-se, ainda, o diagnóstico dos autores de que a lei não conseguiu lidar satisfatoriamente com a captura das competências administrativas para órgãos controladores, como o próprio TCU. *Idem*, p. 4.

[197] *Idem*, p. 6.

A Constituição de 1988 não impõe um modelo estanque.[198] No entanto, é esperado que a atuação dessas agências ocorra dentro dos *standards* dados pelo legislador, regulamentando apenas questões técnicas.[199]

Considerando os possíveis efeitos que essa atividade normativa pode ter na sociedade e, mais especificamente, nos agentes regulados, a Lei n. 13.874/2019 (Lei de Liberdade Econômica) também tratou da realização de análise de impacto regulatório nos casos de edição e de alteração de atos normativos de interesse geral de agentes econômicos ou de usuários dos serviços prestados, editadas por órgão ou entidade da administração pública federal, incluídas as agências reguladoras, sobre os possíveis efeitos do ato normativo para verificar a razoabilidade do seu impacto econômico (art. 5º). Esta norma foi regulada em 2020, com a edição do Decreto n. 10.411/2020, que estabelece a adoção de uma das seguintes metodologias específicas para aferição da razoabilidade do impacto econômico: (i) análise multicritério; (ii) análise de custo-benefício; (iii) análise de custo-efetividade; (iv) análise de custo; (v) análise de risco; ou (vi) análise risco-risco. (art. 7º, caput e incisos).

A realização da AIR, que pode ser uma ferramenta para a democratização dos espaços decisórios em agências reguladoras,[200] também é prevista pela Lei n. 13.848/2019 (art. 6º), que inclui a realização de consulta ou audiência pública como parte do processo normativo (art. 6º, §4º, art. 9º e art. 10º). É necessária a realização de estudos para a elaboração de tais parâmetros a serem estabelecidos pelo agente regulador, podendo haver a participação de interessados no processo regulatório. Apesar disso, a Lei das Agências, em caráter programático, deixou para o regulamento a padronização do procedimento, conteúdo

---

[198] JURUENA, Cynthia Gruendling; RECK, Janriê Rodrigues. Relação dicotômica entre Estado e mercado? uma análise da lei de liberdade econômica à luz da Constituição. *Revista Quaestio Iuris*, [s.l.], v. 14, n. 4, p. 2249, 10 nov. 2021. Universidade de Estado do Rio de Janeiro.

[199] MOTTA, Paulo. Direito da Regulação e Ideologia. *A&C – Revista de Direito Administrativo e Constitucional*, Belo Horizonte, ano 4, n. 15, p. 107-128, jan./mar. 2004. *In:* JURUENA, Cynthia Gruendling; RECK, Janriê Rodrigues. Relação dicotômica entre Estado e mercado? uma análise da lei de liberdade econômica à luz da Constituição. *Revista Quaestio Iuris*, [s.l.], v. 14, n. 4, p. 2236, 10 nov. 2021. Universidade de Estado do Rio de Janeiro.

[200] SUNDFELD, Carlos Ari; PEREIRA, Gustavo Leonardo Maia. *Lei Geral da Agências*: os avanços na governança regulatória e o que ficou por fazer. *In:* MATTOS, César. (Org.). A Revolução Regulatória na Nova Lei das Agências. São Paulo: Singular, 2021. p. 9-10.

e metodologia da AIR, além da definição das hipóteses em que a análise será obrigatória ou dispensada (art. 6º, §1º).[201]

A previsão da realização de consultas e audiências públicas também não veio com grandes inovações, foi apenas uma tentativa de induzir a uniformização de procedimentos e o nivelamento de práticas das várias entidades.[202]

Há, portanto, tentativas de fomentar a participação pública e o controle social no processo normativo das agências. Ainda assim, os problemas da baixa participação nos processos decisórios públicos têm raízes mais profundas. **Como ressaltam Sundfeld e Pereira, a** participação não depende apenas de procedimentos institucionalizados, mas do nível de mobilização e organização da sociedade civil e da capacidade do público de obter e compreender informações sobre os assuntos a serem deliberados. Assim, deve-se buscar a efetiva ampliação e aperfeiçoamento das condições de participação pública e de controle social, o que vai além da criação de canais formais como mecanismo de legitimação e fortalecimento da autonomia decisória das agências reguladoras.[203]

Nesse contexto, é importante refletir sobre a real capacidade e os desafios para promover a participação na regulamentação de agências reguladoras como um mecanismo para a redução de riscos de desastres no Brasil, seja através da autorregulação, seja por meio de outros instrumentos voltados para a participação, como é o exemplo das audiências e consultas públicas.

O direito brasileiro prevê outras ferramentas que buscam induzir a participação e a ponderação prévia sobre a proteção pública em contextos de emergência e na resposta a desastres, como garantias de participação no processo de escolha das medidas a serem adotadas.[204]

Na legislação ambiental brasileira, por exemplo, o potencial poluidor deve adotar uma série de medidas para a redução dos riscos de determinada atividade, consignadas em planos de gerenciamento

---

[201] *Idem*, .10.

[202] *Idem, Ibidem.*

[203] *Idem*, p. 11.

[204] SIMONCINI, Marta. Regulating Catastrophic Risks by Standards. *European Journal of Risk Regulation*, [s.l.], v. 2, n. 1, p. 37-50, mar. 2011. p. 42.

de riscos,[205] a partir dos estudos feitos para o licenciamento ambiental (Resolução Conama n. 237/1997, art. 1º, inc. III).[206] Durante o processo de licenciamento ambiental, a participação pública é, em tese, possível através de audiências públicas, reuniões técnicas informativas e consultas públicas.[207]

Exemplos de participação na construção de planos preventivos também são previstos na construção do Plano Nacional de Proteção e Defesa Civil da população em áreas de risco ou próxima a grandes empreendimentos (art. 26, IV, do Decreto n. 10.593/2020), e na elaboração de Planos de Ação de Emergência (PAE), como prevê a Política Nacional de Segurança de Barragens (art. 12 da Lei n. 12.334/2010).

No caso da PNSB, os principais instrumentos são o Plano de Segurança de Barragem (PSB), a Revisão Periódica de Segurança de Barragens (RPSB) e o PAE. A regulamentação do conteúdo e da exigência desses instrumentos é feita conforme cada entidade fiscalizadora. Segundo dados da ANA, em 2021, cerca de 28% das barragens de DPA alto submetidas à PNSB possuíam PSB, 12% possuíam RPSB e 34% possuíam PAE.[208]

Fernando Nogueira *et al.* mencionam também o exemplo da análise de riscos de desastres prevista nos contratos de concessão vigentes da Agência de Transporte do Estado de São Paulo (Artesp), que exigem o atendimento aos requisitos previstos nos Padrões de Desempenho sobre Sustentabilidade Socioambiental da Corporação Financeira Internacional (IFC, na sigla em inglês), incluindo a avaliação e a gestão de riscos e impactos socioambientais, a avaliação integrada para identificar os impactos e riscos dos projetos e o engajamento efetivo da comunidade por meio da divulgação de

---

[205] NOGUEIRA, Fernando Rocha *et al.* Cenários de risco no Brasil: Um panorama atualizado sobre a diversidade nacional. *In:* SULAIMAN, Samia Nascimento (Org.). *GIRD+10:* caderno técnico de gestão integrada de riscos e desastres. Brasília: Ministério do Desenvolvimento Regional: Secretaria Nacional de Proteção e Defesa Civil, 2021. p. 72.

[206] CONSELHO NACIONAL DO MEIO AMBIENTE (CONAMA). *Resolução CONAMA n. 237, de 19 de dezembro de 1997.* Dispõe sobre a revisão e complementação dos procedimentos e critérios utilizados para o licenciamento ambiental.

[207] Instituto Brasileiro do Meio Ambiente e dos Recursos Naturais Renováveis (IBAMA). *Sobre o Licenciamento Ambiental Federal.* Disponível em: http://www.ibama.gov.br/laf/sobre-o-licenciamento-ambiental-federal. Acesso em 27 fev. 2023.

[208] AGÊNCIA NACIONAL DE ÁGUAS E SANEAMENTO BÁSICO (ANA). *Relatório de Segurança de Barragens.* Brasília: ANA, 2022.

informações relacionadas ao projeto e da consulta às comunidades locais sobre assuntos que as afetam diretamente.[209]

Segundo os autores, além das diretrizes da IFC, as obrigações contratuais de concessões de rodovias no Estado de São Paulo podem incluir outras medidas estruturais como a recuperação de erosões e escorregamentos; a identificação de áreas críticas para ocorrência de processos que ameacem as ocupações lindeiras às faixas de domínio das rodovias; a implantação de sistema de monitoramento de taludes e encostas propensas a instabilidade; a identificação dos riscos potenciais por meio de estudo de análise de riscos, incluindo a identificação dos perigos de eventos climáticos extremos; a estimativa da frequência de ocorrência dos perigos; a estimativa das consequências potenciais e dos diferentes níveis de risco; e as recomendações a serem implementadas para redução ou controle do risco.[210]

Dessa forma, considerando o ciclo de desastre de forma ampla, ressalta-se a importância da participação na construção prévia dos planos de ação em situações de emergência e, da mesma forma, que, uma vez ocorrido um desastre, as pessoas atingidas participem ativamente da decisão sobre medidas reparatórias.[211]

Sabel, Herrigel e Kristensen ressaltam que o desenvolvimento de um plano específico de redução de riscos passa por um processo sistemático e detalhado de identificação, avaliação e gerenciamento de riscos, seguido pela aprovação do plano elaborado pelas autoridades regulatórias responsáveis. Esse processo deve incluir: (i) a avaliação do local para determinar o nível de risco; (ii) o registro

---

[209] CORPORAÇÃO FINANCEIRA INTERNACIONAL. *Padrões de Desempenho sobre Sustentabilidade Socioambiental*. IFC: 2012; NOGUEIRA, Fernando Rocha *et al*. Cenários de risco no Brasil: Um panorama atualizado sobre a diversidade nacional. *In:* Samia Nascimento Sulaiman (Org.). *GIRD+10*: caderno técnico de gestão integrada de riscos e desastres. Brasília: Ministério do Desenvolvimento Regional: Secretaria Nacional de Proteção e Defesa Civil, 2021. p. 79.

[210] Os autores também citam o desenvolvimento, entre 2013 e 2020, do Projeto de Transporte Sustentável de São Paulo – Programa de Transporte, Logística e Meio Ambiente (PTLMA), celebrado entre o Estado de São Paulo e o Banco Internacional para Reconstrução e Desenvolvimento (Bird) com o objetivo de contribuir para a melhoria do transporte no Estado, da eficiência logística e segurança e, para aumentar a capacidade do Estado de São Paulo no gerenciamento ambiental e de risco de desastres. *Idem, Ibidem*.

[211] FUNDAÇÃO GETULIO VARGAS. *Parâmetros para a Priorização no Contexto de Desastres com Base em Critérios de Severidade e Vulnerabilidade*. Rio de Janeiro; São Paulo: FGV, 2021s.

junto ao regulador e comunicação caso o nível de risco estiver acima de um limite previamente estabelecido pela autoridade regulatória; (iii) a análise detalhada de riscos da instalação da operação e infraestrutura; (iv) o desenvolvimento de medidas de controle, com previsão das normas de desempenho a serem atendidas; (v) o desenvolvimento de um sistema de gestão de segurança; (vi) o desenvolvimento e documentação dos procedimentos de gestão de emergência; e (vii) o desenvolvimento de um processo contínuo de revisão e atualização dos procedimentos.[212] Os autores chamam esses sistemas de regulação sob incerteza recursiva ou experimentalista, porque permitem a revisão de procedimentos e técnicas, e aprendizado contínuo à luz das deficiências identificadas.[213] Na sua avaliação, o respeito a essas etapas na construção da regulação não só poderia impor cautelas suficientes contra a captura da regulação, mas também levaria a regulações potencialmente mais eficazes.[214]

No Relatório sobre segurança de barragens de 2021, a ANA pondera que não bastaria exigir o protocolo de planos de ação e emergência para as barragens submetidas à PNSB pelo empreendedor, mas é necessário garantir que o documento seja desenvolvido e implementado em conjunto com todos os atores envolvidos, especialmente a Defesa Civil municipal, de forma a coordená-los com o Plano de Contingência (PLANCON), documento voltado para orientar a atuação do poder público após a ocorrência de um desastre.[215]

Farias Abu-El-Haj entende que seria oportuno garantir a participação popular no processo regulatório por meio de mecanismos diretos e indiretos que incluam também movimentos sociais articulados e organizações não governamentais atuantes

---

[212] SABEL, Charles; HERRIGEL, Gary; KRISTENSEN, Peer Hull. Regulation under uncertainty: the coevolution of industry and regulation. *Regulation & Governance*, [s.l.], v. 12, n. 3, p. 371-394, 7 jun. 2017.

[213] GRAINNE DE BURCA, Robert O. Keohane; SABEL, Charles F. Global Experimentalist Governance. *British Journal of Political Science*, v. 44, 2014. p. 477.

[214] SABEL, Charles; HERRIGEL, Gary; KRISTENSEN, Peer Hull. Regulation under uncertainty: the coevolution. of industry and regulation. *Regulation & Governance*, [s.l.], v. 12, n. 3, p. 371-394, 7 jun. 2017.

[215] AGÊNCIA NACIONAL DE ÁGUAS E SANEAMENTO BÁSICO (ANA). *Relatório de Segurança de Barragens*. Brasília: ANA, 2022.

na defesa de direitos humanos e do meio ambiente.[216] Tal esforço passa, da mesma forma, pela concretização do previsto na PNSB sobre a criação de programas de educação e comunicação sobre segurança de barragens, com objetivo de informar a sociedade civil potencialmente impactada sobre os riscos existentes e a importância das medidas de segurança, e pela manutenção de sistemas que garantam a transparência sobre a segurança das barragens (art. 15).[217]

A autora entende que o ente regulador deve direcionar o desenho regulatório de forma a fortalecer essa governança e permitir a articulação dos mais diversos atores responsáveis e potencialmente impactados pela existência dessas estruturas, fortalecendo o uso de instrumentos de participação democrática na agenda e processo regulatório,[218] incluindo representantes da população potencialmente.[219]

Tudo isso sem tirar a importância da fiscalização em loco pelo agente regulador, como uma forma de diminuir o sigilo estrutural e garantir o controle sobre a forma como as organizações operam.[220]

A fiscalização contínua pode auxiliar na identificação de riscos que estejam enraizados na operação de uma organização, ou em lacunas e problemas técnicos da própria tecnologia em uso.[221] Fiscalizações sucessivas, aliadas ao monitoramento a longo prazo permitiriam melhorar o cálculo da previsibilidade dos riscos envolvidos nas atividades humanas. Considerando que incidentes provavelmente serão observados por atores em diferentes níveis da organização, e em várias organizações ao mesmo tempo, e considerando que tais incidentes poderão ser monitorados por

---

[216] FARIAS ABU-EL-HAJ, G. Aplicação de regulação responsiva e redes de governança na regulação da segurança de barragens de rejeitos de mineração no Brasil. *Journal of Law and Regulation*, [s.l.], v. 6, n. 1. p. 68-98, 2020. p. 93.

[217] *Idem*, p. 75.

[218] *Idem, Ibidem*.

[219] *Idem*, p. 92.

[220] VAUGHAN, Diane. Rational Choice, Situated Action, and the Social Control of Organizations. *Law & Society Review*, [s.l.], v. 32, n. 1, p. 51-52, 1998.

[221] SABEL, Charles; HERRIGEL, Gary; KRISTENSEN, Peer Hull. Regulation under uncertainty: the coevolution of industry and regulation. *Regulation & Governance*, [s.l.], v. 12, n. 3, p. 371-394, 7 jun. 2017. p. 18.

outros atores externos, o monitoramento contínuo e integrado aumenta as possibilidades de que riscos de desastres sejam identificados e tratados previamente.[222]

A fiscalização é um dos grandes focos da PNSB. Conforme apontado anteriormente, no exemplo da PNSB, cabe ao empreendedor informar ao órgão fiscalizador as características da barragem e realizar a fiscalização contínua.

Algumas ponderações podem ser feitas a esse respeito. Em primeiro lugar, pontua-se que a política se assemelha, em certa medida, à estratégia da autorregulação, conforme tratado anteriormente neste texto, de abrir espaço para uma maior responsabilidade das organizações de implementarem medidas de segurança, seguindo parâmetros estabelecidos pelo regulador.

Apesar disso, parece haver uma insegurança da literatura no Brasil quanto aos limites dessa liberdade regulatória conferida às organizações, especialmente no setor minerário. Em especial, há uma preocupação da literatura em torno da confiabilidade e integridade dos dados reportados pelas organizações às agências reguladoras como parte do processo de monitoramento da segurança de barragens.

Esse processo se baseia na obrigação, prevista na PNSB, de que qualquer incidente que tenha ocasionado ou apresente riscos ao bom funcionamento de alguma barragem seja comunicado às entidades fiscalizadoras competentes.[223]

Conforme ressalta Farias Abu-El-Haj, a regulação brasileira sobre segurança de barragens é pautada pelas informações declaradas pelo empreendedor sobre as revisões, vistorias e condições estruturais das barragens, o que, segundo a autora, traz desafios para o regulador, pois a agência permanece dependente dos dados apresentados, inclusive para o planejamento e priorização de vistorias, ou até mesmo para a aplicação de sanções pelo descumprimento das disposições previstas na PNSB.[224]

---

[222] *Idem, Ibidem.*

[223] SILVA, Romário Stéffano Amaro da; MEDEIROS, Allan Benício Silva de; OLIVEIRA JÚNIOR, Afrânio Pereira; FREITAS NETO, Osvaldo de; SANTOS JÚNIOR, Olavo Francisco dos. Acidentes e incidentes em barragens brasileiras: uma análise dos dados disponíveis nos relatórios de segurança de barragens e da legislação vigente. *Holos,* [s.l.], v. 6, n. 37, p. 1-17, 2021. p. 5.

[224] FARIAS ABU-EL-HAJ, G. Aplicação de regulação responsiva e redes de governança na

Para Romário Silva *et al.*, o avanço na disseminação de barragens[225] aumenta diretamente os riscos de incidentes e de desastres.[226] Dessa forma, espera-se que a notificação de tais eventos, mais ou menos graves, também seja maior. Entretanto, ao analisar os relatórios anuais sobre a segurança de barragem feitos pela ANA, os autores identificaram indícios de uma subnotificação dos eventos envolvendo barragens, principalmente eventos de menor proporção ou eventos ocorridos em barragens pequenas, gerando um cenário de incongruência no processo de fiscalização e monitoramento.[227]

A razão disso pode ser, conforme apontado por Turner ao elencar causas de desastres, uma avaliação que subestime a severidade e magnitude dos riscos identificados.[228] Nesse mesmo sentido, Silva *et al.* afirmam que os dados da ANA costumam apontar com maior frequência a ocorrência de grandes desastres do que a ocorrência de incidentes menores, o que indica uma tendência de que sejam notificadas somente as ocorrências de maior impacto. Isso vai de encontro ao desejado para um monitoramento eficiente de barragens, que depende da identificação, descrição, e diagnóstico de riscos para que seja possível a adoção de medidas corretivas adequadas, a fim de evitar que um desastre venha a se concretizar.[229]

---

regulação da segurança de barragens de rejeitos de mineração no Brasil. *Journal of Law and Regulation*, [s.l.], v. 6, n. 1, p. 68-98, 2020. p. 74.

[225] Os autores apontam como, desde a década de 1980, o Brasil vem construindo barragens nos processos de mitigação dos efeitos negativos dos períodos de escassez de água e do crescimento industrial acelerado. *Cf.* SILVA, Romário Stéffano Amaro da; MEDEIROS, Allan Benício Silva de; OLIVEIRA JÚNIOR, Afrânio Pereira; FREITAS NETO, Osvaldo de; SANTOS JÚNIOR, Olavo Francisco dos. Acidentes e incidentes em barragens brasileiras: uma análise dos dados disponíveis nos relatórios de segurança de barragens e da legislação vigente. *Holos*, [s.l.], v. 6, n. 37, p. 1-17, 2021. p. 2.

[226] *Idem, Ibidem.*

[227] SILVA, Romário Stéffano Amaro da; MEDEIROS, Allan Benício Silva de; OLIVEIRA JÚNIOR, Afrânio Pereira; FREITAS NETO, Osvaldo de; SANTOS JÚNIOR, Olavo Francisco dos. Acidentes e incidentes em barragens brasileiras: uma análise dos dados disponíveis nos relatórios de segurança de barragens e da legislação vigente. *Holos*, [s.l.], v. 6, n. 37, p. 1-17, 2021. p. 5-6. RODRIGUES, Jondison Cardoso; HAZEU, Marcel Theodoor; NASCIMENTO, Sabrina Mesquita do. Como se Produz Desastres? O Processo de Licenciamento da Barragem de Rejeitos da Hydro Alunorte, em Barcarena, Pará. *Nucleus*, [s.l.], v. 16, n. 2, p. 151-170, 30 out. 2019. p. 154.

[228] TURNER, Barry A. The Organizational and Interorganizational Development of Disasters. *Administrative Science Quarterly*, [s.l.], v. 21, n. 3, p. 378, set. 1976. p. 391.

[229] SILVA, Romário Stéffano Amaro da; MEDEIROS, Allan Benício Silva de; OLIVEIRA JÚNIOR, Afrânio Pereira; FREITAS NETO, Osvaldo de; SANTOS JÚNIOR, Olavo

Além disso, a ANA também sinaliza preocupação com o fato de que, nos últimos anos, o número de barragens fiscalizadas *in loco* pelo poder público tenha sido muito pequeno em relação ao universo de barragens existentes. No ano de 2021, os fiscalizadores reportaram um total de 180 barragens fiscalizadas, número inferior a 2020, que já era muito inferior ao observado na série histórica. Segundo a agência reguladora, o baixo número de barragens fiscalizadas pode ser uma decorrência das dificuldades impostas pela pandemia de Covid-19.[230] Ainda assim, a baixa fiscalização já vinha sendo discutida judicialmente, no caso da ANM, desde 2019 com a proposição da Ação Civil Pública n. 1005310-84.2019.4.01.3800 pelo Ministério Público Federal (MPF) contra na ANM e a União, que busca o incremento do quadro de servidores da agência para o cumprimento das obrigações de fiscalização de barragens.[231]

Aliado à fiscalização, o monitoramento permite identificar de padrões de riscos, possibilitando que eles sejam endereçados adequadamente e de forma mais célere.

Entretanto, a forma como o monitoramento é feito também importa. Black aponta que uma característica comum a casos de desastres é a aplicação de estratégias ineficazes de monitoramento.[232]

Deve-se considerar a possibilidade de que os riscos sejam conhecidos, mas não sejam avaliados como relevantes para o sistema regulatório. Conforme já mencionado por outros autores, os riscos baixos, em particular, podem escapar da atenção de pessoas responsáveis por endereçá-los, tanto na concepção do regime regulatório, quanto no cotidiano da sua operacionalização.[233]

Francisco dos. Acidentes e incidentes em barragens brasileiras: uma análise dos dados disponíveis nos relatórios de segurança de barragens e da legislação vigente. *Holos*, [s.l.], v. 6, n. 37, p. 1-17, 2021. p. 5-6.

[230] AGÊNCIA NACIONAL DE ÁGUAS E SANEAMENTO BÁSICO (ANA). *Relatório de Segurança de Barragens*. Brasília: ANA, 2022.

[231] MINITÉRIO PÚBLICO FEDERAL. *Acordo celebrado entre MPF e ANM garante aumento do número de servidores para fiscalizar barragens*. 2023. Disponível em: https://www.mpf.mp.br/mg/sala-de-imprensa/noticias-mg/acordo-celebrado-entre-mpf-e-anm-garante-aumento-do-numero-de-servidores-para-fiscalizar-barragens. Acesso em: 10 abr. 2023.

[232] BLACK, Julia. Learning from Regulatory Disasters. *LSE Law, Society and Economy Working Papers*, London, v. 1, n. 24, p. 1-18, 2014. p. 13.

[233] SILVA, Romário Stéffano Amaro da; MEDEIROS, Allan Benício Silva de; OLIVEIRA JÚNIOR, Afrânio Pereira; FREITAS NETO, Osvaldo de; SANTOS JÚNIOR, Olavo

Nesse sentido, a qualidade dos resultados regulatórios obtidos na redução do risco de desastres está diretamente ligada à precisão dos dados analisados.[234] Por outro lado, a ausência de informações suficientes e confiáveis pode dificultar ou mesmo impedir o ajuste dos mecanismos e procedimentos adotados e a promoção de um ciclo contínuo de aperfeiçoamento do monitoramento e, consequentemente, das próprias estruturas de barragens.[235]

A disparidade entre a realidade e os dados reportados sobre a segurança da infraestrutura se torna ainda mais grave em caso de omissão de informações relevantes ou laudos de fiscalização propositalmente alterados, como ocorreu no caso de Brumadinho,[236] no qual a fiscalização e monitoramento feito pela ANM estava sendo feito com base em dados irreais.[237]

Falhas no monitoramento podem, portanto, atrapalhar ou mesmo impedir a adoção de medidas preventivas a desastres que sejam eficientes e escoradas na realidade.

Conforme já indica a literatura sobre a redução do risco de desastres, mesmo a investigação de incidentes menos severos, que tendem a ocorrer com maior frequência do que grandes desastres, deve ser realizada de forma diligente, com a mesma seriedade aplicada às ocorrências mais severas, a fim de fomentar uma cultura de gestão, preparo e redução de riscos.[238]

Francisco dos. Acidentes e incidentes em barragens brasileiras: uma análise dos dados disponíveis nos relatórios de segurança de barragens e da legislação vigente. *Holos*, [s.l.], v. 6, n. 37, p. 1-17, 2021. p. 15.

[234] *Idem*, p. 12.

[235] *Idem*, p. 9.

[236] De acordo com o Parecer Técnico DNPM n. 07/2019 sobre desastre em Brumadinho/MG, informações inseridas no sistema de monitoramento da agência pela Vale S.A., mineradora responsável pela barragem, eram diferentes das informações que constavam nos seus documentos internos, o que impediu que o sistema alertasse os técnicos de situações com potencial comprometimento da segurança da estrutura. *Cf.* FARIAS ABU-EL-HAJ, G. Aplicação de regulação responsiva e redes de governança na regulação da segurança de barragens de rejeitos de mineração no Brasil. *Journal of Law and Regulation*, [s.l.], v. 6, n. 1, p. 68-98, 2020. p. 77.

[237] *Idem*, p. 74.

[238] SILVA, Romário Stéffano Amaro da; MEDEIROS, Allan Benício Silva de; OLIVEIRA JÚNIOR, Afrânio Pereira; FREITAS NETO, Osvaldo de; SANTOS JÚNIOR, Olavo Francisco dos. Acidentes e incidentes em barragens brasileiras: uma análise dos dados disponíveis nos relatórios de segurança de barragens e da legislação vigente. *Holos*, [s.l.], v. 6, n. 37, p. 1-17, 2021. p. 13.

Para Silva *et al.*, as informações disponíveis sobre barragens no Brasil deveriam compor um banco de dados capaz de prover de forma satisfatória e transparente a manutenção de sistemas de gerenciamento baseados em modelos estatísticos, desenvolvidos com o propósito de mensurar a segurança e eficiência de diferentes tipos de barramentos.[239] A consolidação de tais dados poderia ser uma medida destinada a evitar a inconsistência das informações sobre riscos e permitir uma fiscalização e monitoramento a longo prazo mais eficiente, de forma a subsidiar também a melhoria contínua da regulação.

Ressalta-se que ANA,[240] ANEEL[241] e ANM[242] disponibilizam sistemas interativos sobre as barragens cadastradas e suas respectivas classificações das barragens no Brasil. Os sistemas permitem a filtragem e exportação dos dados a partir de diferentes parâmetros, como Categoria do Risco (CRI) e Dano Potencial Associado (DPA), por exemplo. Apesar disso, cabe o questionamento quanto à acessibilidade do sistema para as populações em volta de tais barramentos, que frequentemente se encontram em situação de vulnerabilidade e podem ter dificuldades para o acesso e compreensão de dados relevantes para a sua segurança.[243]

Conforme visto no capítulo anterior, a estrutura da governança estabelecida na PNSB e na prática brasileira para a gestão de risco e resposta a desastres envolve uma série de atores públicos e privados. Nesse contexto, o endereçamento de falhas regulatórias em meio a dificuldades com a comunicação contínua e íntegra entre os agentes privados atuantes no setor e

---

[239] *Idem*, p. 12.

[240] AGÊNCIA NACIONAL DE ÁGUAS. *Sistema Nacional de Informações sobre Segurança de Barragens*. Disponível em: https://www.snisb.gov.br/portal-snisb/inicio. Acesso em: 8 fev. 2023.

[241] AGÊNCIA NACIONAL DE ENERGIA ELÉTRICA. *Painel de Formulários de Segurança de Barragens*. Disponível em: https://app.powerbi.com/view?r=eyJrIjoiMzQ4MmMy ZDItNWJhOC00NWYwLTgyMDAtNjk1Zjc0ZWI1NTNhIiwidCI6IjQw ZDZmOWI4LWVjYTctNDZhMi05MmQ0LWVhNGU5YzAxNzBlMSIsImMiOjR9. Acesso em: 8 fev. 2023.

[242] AGÊNCIA NACIONAL DE MINERAÇÃO. *Sistema Integrado de Gestão de Barragens de Mineração*. Disponível em: https://app.anm.gov.br/SIGBM/Publico. Acesso em: 8 fev. 2023.

[243] FUNDAÇÃO GETULIO VARGAS. *Parâmetros para a Priorização no Contexto de Desastres com Base em Critérios de Severidade e Vulnerabilidade*. Rio de Janeiro; São Paulo: FGV, 2021s.

os agentes regulatórios, além da articulação do regulador com os vários atores envolvidos com a segurança do empreendimento, é marcado por desafios adicionais.[244]

Para Farias Abu-El-Haj, isso deveria induzir as entidades reguladoras a buscarem desenhos regulatórios que incentivem e promovam a interlocução e articulação estruturada da rede de governança de cada empreendimento,[245] inclusive através de mecanismos de participação e controle social e estímulo à participação da população das ações preventivas e emergenciais.[246] Adicionalmente, a autora propõe como estratégia o estímulo à transparência, educação e o incremento da comunicação das organizações com os órgãos de fiscalização e monitoramento, e com a população atingida, buscando o fomento à cultura de segurança de barragens, que ainda é incipiente no país.[247]

Ainda, autores apontam para a importância do estabelecimento de sistemas de alerta. Em geral, entende-se por sistemas de alerta mecanismos como a instalação de sirenes que avisem à população local de uma situação de emergência, mas podemos ir além.

Um exemplo de sistema de alerta é a Portaria n. 3.027, de 4 de dezembro de 2020,[248] do Ministério do Desenvolvimento Regional, que regulamenta a possibilidade de utilização do sistema Interface de Divulgação de Alertas Públicos disponibilizado pelo Centro Nacional de Gerenciamento de Riscos e Desastres para envio de alertas via mensagem de texto (SMS), televisão por assinatura ou plataforma Avisos Públicos do Google. No mesmo sentido, a

---

[244] FARIAS ABU-EL-HAJ, G. Aplicação de regulação responsiva e redes de governança na regulação da segurança de barragens de rejeitos de mineração no Brasil. *Journal of Law and Regulation*, [s.l.], v. 6, n. 1, p. 68-98, 2020. p. 74-75.

[245] *Idem*, p. 73.

[246] *Idem*, p. 73-74.

[247] *Idem*, p. 93.

[248] MINISTÉRIO DO DESENVOLVIMENTO REGIONAL. *Portaria n. 3.027, de 4 de dezembro de 2020*. Define procedimentos para o envio de alertas à população sobre a possibilidade de ocorrência de desastres, em articulação com os órgãos e entidades estaduais, distritais e municipais de proteção e Defesa Civil, e para utilização do sistema Interface de Divulgação de Alertas Públicos para envio de alertas via mensagem de texto (SMS), televisão por assinatura ou plataforma de avisos públicos.

Portaria n. 2.216, de 4 de julho de 2023,[249] do Ministério da Integração e do Desenvolvimento Regional, estabelece procedimentos para o envio de alertas à população sobre a possibilidade de ocorrência de desastres através do sistema Interface de Divulgação de Alertas Públicos (IDAP).

Para Sabel, Herrigel e Kristensen, o agente regulador deve induzir as empresas a vasculharem sistematicamente suas práticas e identificar potenciais riscos. Mas, reconhecendo a falibilidade desses esforços, deve também promover a institucionalização de procedimentos de notificação de incidentes, incluindo falhas em produtos ou processos que possam ser precursores de desastres, a fim de rastrear e corrigir suas causas, alertar as pessoas potencialmente sujeitas ao risco em questão, além de outras pessoas sujeitas a riscos similares, e garantir que as medidas de segurança e de mitigação de danos sejam tomadas.[250]

Para Simoncini, um sistema de alerta pode ser um bom instrumento para o gerenciamento de riscos incertos antes que um desastre venha a ocorrer, uma vez que potencializa a capacidade coletiva de fazer escolhas em um contexto de escassez de informações concretas quanto à extensão e severidade dos riscos.[251] A ideia central colocada pela autora é a de que, aproveitando-se de alarmes graduais, os reguladores poderiam adotar diferentes medidas de preparo e resposta conforme o risco em questão, levando em conta os dados disponíveis. Tais sistemas de prevenção poderiam ser usados tanto para a regulação de riscos quanto para a criação de planos de emergência.[252]

Contudo, propõe-se neste trabalho o olhar para a ideia de sistemas de alerta de forma mais ampla, englobando outros tipos de

---

[249] MINISTÉRIO DA INTEGRAÇÃO E DO DESENVOLVIMENTO REGIONAL. *Portaria n. 2.216, de 4 de julho de 2023*. Define procedimentos para o envio de alertas à população sobre a possibilidade de ocorrência de desastres, em articulação com os órgãos e entidades estaduais, distritais e municipais de proteção e defesa civil, e para utilização do sistema Interface de Divulgação de Alertas Públicos (IDAP).

[250] SABEL, Charles; HERRIGEL, Gary; KRISTENSEN, Peer Hull. Regulation under uncertainty: the coevolution of industry and regulation. *Regulation & Governance*, [s.l.], v. 12, n. 3, p. 371-394, 7 jun. 2017. p. 1.

[251] SIMONCINI, Marta. Regulating Catastrophic Risks by Standards. *European Journal of Risk Regulation*, [s.l.], v. 2, n. 1, p. 37-50, mar. 2011. p. 39-40.

[252] *Idem*, p. 45.

mecanismos, como canais de denúncia, que possam alertar agentes públicos e privados da existência de riscos, permitindo a sua atuação preventiva, conforme a figura abaixo:

Figura 5 – Sistemas de alerta

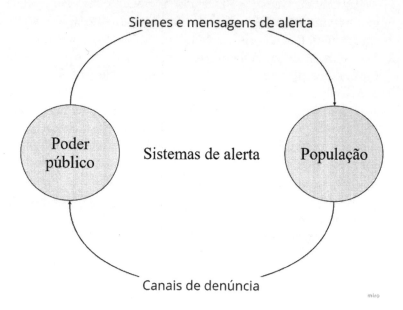

Fonte: Elaboração própria.

A utilização de canais de denúncia, no geral, é menos explorada pela literatura sobre desastres. Ainda assim, essa pode ser uma ferramenta relevante para o aumento da participação pública na regulação para a redução de riscos.

Nesse sentido, ressalta-se que a reforma da PNSB trouxe a obrigação do estabelecimento de canais e tratamento de denúncias voltados à prevenção de desastres decorrentes do rompimento de barragens pelos órgãos fiscalizadores (§3º do art. 5º).

Alguns desses órgãos já disponibilizam canais de comunicação entre regulador e regulados.

No caso dos órgãos ambientais, há uma obrigação de comunicação de incidentes ao Ibama por parte dos empreendimentos com Licença Ambiental Federal, conforme disciplinado pela

Instrução Normativa Ibama n. 15/2014,[253] os empreendimentos com Licença Ambiental Federal são obrigados a comunicar todo *acidente ambiental* ao instituto através do Sistema Nacional de Emergências Ambientais (Siema), ferramenta informatizada de comunicação de acidentes ambientais, visualização de mapas interativos e geração de dados estatísticos dos acidentes ambientais registrados pelo Ibama.[254]

Da mesma forma, órgãos estaduais de meio ambiente podem estabelecer canais próprios para recebimento de manifestações relacionadas aos empreendimentos por eles licenciados,[255] como é o exemplo da Companhia Ambiental do Estado de São Paulo (Cetesb) que dispõe de um Sistema de Informações sobre Emergências Químicas (Sieq),[256] criado em 1978.[257]

No caso das agências reguladoras federais ANA,[258] ANEEL[259] e ANM,[260] a recepção e tratamento de manifestações fica a cargo das suas respectivas unidades de ouvidoria. É sobre os canais de comunicação destas e de outras agências reguladoras federais que trata o próximo capítulo.

---

[253] INSTITUTO BRASILEIRO DO MEIO AMBIENTE E DOS RECURSOS NATURAIS RENOVÁVEIS (IBAMA). *Instrução Normativa IBAMA n. 15, de 06 de outubro de 2014*. Instituir o Sistema Nacional de Emergências Ambientais – Siema, ferramenta informatizada de comunicação de acidentes ambientais, visualização de mapas interativos e geração de dados estatísticos dos acidentes ambientais registrados pelo IBAMA.

[254] NOGUEIRA, Fernando Rocha *et al.* Cenários de risco no Brasil: Um panorama atualizado sobre a diversidade nacional. *In:* Samia Nascimento Sulaiman (Org.). *GIRD+10*: caderno técnico de gestão integrada de riscos e desastres. Brasília: Ministério do Desenvolvimento Regional: Secretaria Nacional de Proteção e Defesa Civil, 2021. p. 71.

[255] *Idem, Ibidem.*

[256] COMPANHIA AMBIENTAL DO ESTADO DE SÃO PAULO (CETESB). *Emergências químicas.* Disponível em: https://cetesb.sp.gov.br/emergencias-quimicas/. Acesso em: 16 fev. 2023.

[257] NOGUEIRA, Fernando Rocha *et al.* Cenários de risco no Brasil: Um panorama atualizado sobre a diversidade nacional. *In:* Samia Nascimento Sulaiman (Org.). *GIRD+10*: caderno técnico de gestão integrada de riscos e desastres. Brasília: Ministério do Desenvolvimento Regional: Secretaria Nacional de Proteção e Defesa Civil, 2021. p. 71.

[258] Conforme competência estabelecida pelo art. 4º da Lei n. 9.984/2000. Dispõe sobre a criação da Agência Nacional de Águas e Saneamento Básico (ANA), entidade federal de implementação da Política Nacional de Recursos Hídricos, integrante do Sistema Nacional de Gerenciamento de Recursos Hídricos (Singreh) e responsável pela instituição de normas de referência para a regulação dos serviços públicos de saneamento básico. (Redação dada pela Lei n. 14.026, de 2020).

[259] Conforme competência estabelecida pelo art.º 2 da Lei n. 9.427/1996. Institui a Agência Nacional de Energia Elétrica – ANEEL, disciplina o regime das concessões de serviços públicos de energia elétrica e dá outras providências.

[260] Conforme competência estabelecida no art. 2º da Lei n. 13.575/2017.

3.3 Estratégias tradicionais e alternativas regulatórias adotadas pela legislação brasileira para a redução de risco de desastres

O quadro abaixo busca comparar a adoção de estratégias de regulação para a redução do risco de desastres identificadas na literatura com os mecanismos adotados na legislação brasileira, conforme analisado neste capítulo.

Quadro 2 – Estratégias para a redução do risco de desastres adotadas pela legislação brasileira

(continua)

Categoria	Estratégia	Medidas de redução de risco	Medidas adotadas na legislação brasileira
Medidas tradicionais de comando e controle	Categoria de emergência	Estado de anormalidade que permite o recurso a medidas excepcionais, incluindo a restrição de direitos.	Decreto n. 10.593/2020, art. 2º, VIII e XIV.
	Seguros	Avaliação dos possíveis impactos financeiros de um desastre causado por atividades de risco e uso de seguros com base nos riscos identificados.	Não é previsto.
	Sanções	Imposição de multas ou outras sanções pecuniárias de forma a refrear o comportamento violador e reparar as pessoas atingidas pelos danos sofridos.	Lei n. 12.334/2010, arts. 17-C e 17-E.
		Responsabilização civil ou penal pelos danos decorrentes de um desastre.	Lei n. 12.334/2010, arts. art. 4º, III e 17-A.

CAPÍTULO 3
CONSTRUÇÃO DE ESTRATÉGIAS E MEDIDAS PARA A REDUÇÃO DO RISCO DE DESASTRES ATRAVÉS DA REGULAÇÃO | 101

(conclusão)

Categoria	Estratégia	Medidas de redução de risco	Medidas adotadas na legislação brasileira
	Estabelecimento de mecanismos internos de controle e garantia de transparência sobre as decisões das organizações	Mecanismos organizacionais de controle e responsabilização de administradores por ações de seus subordinados.	Resolução ANM n. 13/2019, art. 22, parágrafo único; Lei n. 12.334/2010, arts. 4º, IV e 17.
		Procedimentos de notificação interna de riscos de desastres e proteção a reportantes.	Não é previsto.
	Autorregulação setorial	Estabelecimento de parâmetros mínimos ou gerais pela legislação setorial para a adoção de melhores técnicas na identificação e prevenção de riscos.	Não é previsto.
Medidas baseadas na participação e colaboração para a redução do risco de desastres	Análise de Impacto Regulatório	Identificação de riscos durante a avaliação de impacto regulatório e participação de agentes privados na regulamentação.	Lei n. 13.848/2019, art. 6º; Lei n. 13.874/2019, art. 5º.
	Construção participativa de medidas de emergência e resposta	Identificação de medidas para a composição de planos de ação e emergência, com garantia de participação da população e pessoas potencialmente atingidas.	Resolução Conama n. 237/1997, art. 1º, inc. III; Lei n. 12.334/2010, art. 12; Decreto n. 10.593/2020, art. 26, IV.
	Fiscalização	Fiscalização em loco periódica pelo órgão público responsável.	Lei n. 12.334/2010, art. 5º; Lei n. 12.608/12, art. 8, V.
	Monitoramento	Monitoramento do cumprimento da legislação ao longo do tempo, permitindo aprimoramentos técnicos e normativos.	Lei n. 12.334/2010, arts. 3º, III, 5º e 10º; Lei n. 12.608/12, art. 1º.
	Sistemas de alerta	Uso de sirenes e outros dispositivos para alerta da população.	Portaria n. 2.216, de 4 de julho de 2023; Portaria n. 3.027, de 4 de dezembro de 2020; Lei n. 12.334/2010, art. 12, XII.
		Canais de denúncia	Lei n. 12.334/2010, art. 5º, §3º; Instrução Normativa Ibama n. 15/2014.

Fonte: Elaboração própria.

Em resumo do que foi dito até aqui, é possível perceber que muitas das medidas discutidas na literatura sobre desastres foram, em maior ou menor grau, previstas na legislação brasileira.

Contudo, é necessário fazer a ressalva de que a mera previsão em normas não é suficiente para demonstrar uma maior proteção a desastres. Conforme ressalta Trindade, tomando o exemplo da Lei n. 12.334/2010, a simples análise do texto de mandamentos normativos relacionados à redução do risco de desastres no Brasil pode indicar um nível maior de exigência na segurança, prevenção e monitoramento.[261] Ainda assim, cabe a verificação da real implementação dessas normas e a sua efetividade.

Além disso, percebe-se indícios de esforços para viabilizar a participação pública em diferentes níveis. Ainda assim, essa alternativa pode ser mais bem explorada. Uma das medidas que poderia contribuir para a participação e colaboração com a administração pública na gestão de desastres é o uso de canais de denúncia, conforme previsto na PNSB.

O papel de canais de denúncia, especificamente das ouvidorias públicas em agências reguladoras federais como medida de redução de riscos de desastres é discutido no capítulo a seguir.

---

[261] TRINDADE, A. D. C. Segurança de Barragens de Mineração: um olhar a partir da Teoria da Regulação pelo Interesse Público. *Revista de Direito Setorial e Regulatório*, v. 7, n. 2, p. 15, outubro 2021.

CAPÍTULO 4

CANAIS DE DENÚNCIA COMO FERRAMENTA PARA A REDUÇÃO DO RISCO DE DESASTRES

A criação de canais de denúncia para a comunicação de riscos às autoridades públicas competentes foi um instrumento adotado na PNSB como uma estratégia para a redução de risco de desastres.

Em complemento às demais ferramentas de fiscalização e monitoramento, a premissa do uso de canais de denúncia é dar espaço para que a sociedade possa contribuir com o processo de redução de riscos através do oferecimento de informações ou denúncias. Dessa forma, o instrumento estaria em consonância com a crítica frequente de déficit de participação no processo regulatório e com o reconhecimento da importância de incluir a população potencialmente atingida em medidas de gestão e redução de risco de desastres.

Apesar disso, o papel dos canais de denúncia, especialmente das ouvidorias, para redução de riscos ainda é pouco discutido e parece ser subutilizado como política pública no Brasil. Esse tema é explorado a seguir.

Este capítulo se divide em duas partes. Na primeira, discute-se o papel de ouvidorias públicas como ferramenta para a participação pública e a sua inserção em discussões sobre governo aberto. Na segunda parte, são apresentados os resultados da parte empírica deste estudo, que buscou identificar se as ouvidorias públicas de agências reguladoras federais de infraestrutura atuam ou poderiam atuar como mecanismo para a redução do risco de desastres no Brasil.

4.1 Ouvidorias públicas como ferramenta para a participação

O tema do fomento e viabilização da participação na administração pública está em consonância com iniciativas de governo aberto, que vem crescendo recentemente, com o objetivo de promover a transparência, acesso à informação e colaboração de particulares com a administração pública.

A pauta sobre governo aberto ganhou força em 2009, com a Declaração de Governo Aberto, publicada no início da administração do presidente Barack Obama nos Estados Unidos. A declaração tinha como objetivo reforçar a democracia, promover a eficiência e a eficácia por meio da transparência, da participação e da colaboração entre administração pública e sociedade. Em setembro de 2011, surgiu a Parceria para Governo Aberto (Open Government Partnership ou OGP, em inglês), que atualmente conta com a participação de 75 países.[262] A iniciativa buscou assegurar compromissos e ações concretas em torno da transparência, da abertura governamental, do combate à corrupção e da promoção do uso responsável de novas tecnologias para o interesse comum.[263]

Para a Organização para a Cooperação e Desenvolvimento Econômico (OCDE), governo aberto se refere à transparência das ações governamentais, à acessibilidade dos serviços e informações e à capacidade de resposta do governo a novas ideias, demandas e necessidades,[264] tendo em vista viabilizar e aprimorar o desenho,

---

[262] VILLELA, Hebert de Paula Giesteira et al. Participação Social na Implementação Do Compliance Público. E³: Revista de Economia, Empresas e Empreendedores na CPLP, Madeira, v. 8, n. 1, p. 45-61, mar. 2022. p. 52; SANCHEZ, Cristiane Sinimbu; MARCHIORI, Patricia Zeni. Participação Popular no Contexto das iniciativas de Governo Aberto: revisão sistemática da literatura. Revista Brasileira de Políticas Públicas e Internacionais – Rppi, [s.l.], v. 2, n. 2, p. 103-118, 22 dez. 2017. Portal de Periódicos UFPB. p. 104-105.

[263] AVELINO, Daniel Pitangueira de; POMPEU, João Cláudio; FONSECA, Igor Ferraz da. TD 2624 – Democracia digital: mapeamento de experiências em dados abertos, governo digital e ouvidorias públicas. Texto Para Discussão, [s.l.], p. 1-52, 19 jan. 2021. Instituto de Pesquisa Econômica Aplicada – IPEA. p. 18.

[264] ORGANIZAÇÃO PARA A COOPERAÇÃO E DESENVOLVIMENTO ECONÔMICO (OCDE). Open Government: beyond static measures. OCDE: 2009. Disponível em: https://www.oecd.org/gov/46560184.pdf. Acesso em: 27 fev. 2023; VIANA, Ana Cristina Aguilar. Transformação digital na Administração Pública: do governo eletrônico ao governo digital. International Journal of Digital Law, [s.l.], v. 2, n. 1, p. 29-46, 12 fev. 2021. p. 124.

implementação, controle e avaliação de políticas públicas e outros modos da atuação administrativa, colocando o cidadão como centro de atenção e prioridade.[265]

Destaca-se, principalmente, a transparência como princípio da boa governança, sendo um dos requisitos para a entrada de um país no grupo a adoção de instrumento normativo que garanta aos seus cidadãos o acesso a informações e dados governamentais.[266]

Além da transparência, são também princípios da OGP a participação cidadã, a *accountability* pública e o uso da tecnologia e informação.[267]

O Brasil se associou à OGP em 2011.,Nesse mesmo ano foi publicada a Lei n. 12.527/2011, a Lei de Acesso à Informação (LAI), que já tramitava há oito anos no Congresso Nacional, dispondo sobre os procedimentos a serem observados pela União, pelos Estados, pelo Distrito Federal e pelos Municípios, com o fim de garantir o acesso a informações, concretizando mandamento previsto na Constituição Federal de 1988 (art. 5º, inc. XXXIII; art. 37, §3º; e art. 216, §2º).[268][269]

---

[265] VILLELA, Hebert de Paula Giesteira *et al.* Participação Social Na Implementação Do Compliance Público. *E³*: Revista de Economia, Empresas e Empreendedores na CPLP, Madeira, v. 8, n. 1, p. 45-61, mar. 2022. p. 52; OLIVEIRA, D. J. S.; CKAGNAZAROFF, I. B. A Transparência como um princípio-chave de Governo Aberto. *Administração Pública e Gestão Social*, [S. l.], v. 14, n. 3, 2022. p. 3.

[266] AVELINO, Daniel Pitangueira de; POMPEU, João Cláudio; FONSECA, Igor Ferraz da. TD 2624 – Democracia digital: mapeamento de experiências em dados abertos, governo digital e ouvidorias públicas. *Texto Para Discussão*, [s.l.], p. 1-52, 19 jan. 2021. Instituto de Pesquisa Econômica Aplicada – IPEA. p. 18; OLIVEIRA, D. J. S.; CKAGNAZAROFF, I. B. A Transparência como um princípio-chave de Governo Aberto. *Administração Pública e Gestão Social*, [s.l.], v. 14, n. 3, 2022. p. 3.

[267] OLIVEIRA, D. J. S.; CKAGNAZAROFF, I. B. A Transparência como um princípio-chave de Governo Aberto. *Administração Pública e Gestão Social*, [s.l.], v. 14, n. 3, 2022. p. 9.

[268] AVELINO, Daniel Pitangueira de; POMPEU, João Cláudio; FONSECA, Igor Ferraz da. TD 2624 – Democracia digital: mapeamento de experiências em dados abertos, governo digital e ouvidorias públicas. *Texto Para Discussão*, [s.l.], p. 1-52, 19 jan. 2021. Instituto de Pesquisa Econômica Aplicada – IPEA. p. 18.

[269] Além da LAI, compõem o arcabouço normativo das iniciativas de governo aberto diversos instrumentos legais e infralegais, como, por exemplo: a Política de Governo Aberto, instituída pelo Decreto n. 10.160, de 9 de dezembro de 2019; a Política de Dados Abertos, formalizada pelo Decreto n. 9.903, de 8 de julho de 2019, que alterou o Decreto n. 8.777, de 11 de maio de 2016; resoluções do Comitê Gestor da Infraestrutura Nacional de Dados Abertos e a Instrução Normativa, n. 4 de 13 de abril de 2012, que institui a Infraestrutura Nacional de Dados Abertos (INDA). Para mais informações, cf. AVELINO, Daniel Pitangueira de; POMPEU, João Cláudio; FONSECA, Igor Ferraz da. TD 2624 – Democracia digital: mapeamento de experiências em dados abertos, governo digital e ouvidorias públicas. *Texto Para Discussão*, [s.l.], p. 1-52, 19 jan. 2021. Instituto de Pesquisa Econômica Aplicada – IPEA. p. 9-10; BRASIL. Ministério da Gestão e da Inovação em

De acordo com Cristiane Sanchez e Patricia Marchiori, a participação popular se destaca como um dos fatores de transformação social promovidos por iniciativas de governo aberto, sendo determinante para que os governos se tornem mais transparentes, responsáveis e sensíveis às demandas de seus próprios cidadãos.[270]

As ouvidorias públicas são uma das ferramentas para fomentar a participação cidadã, juntamente com audiências públicas, comitês consultivos, conselhos gestores, consultas deliberativas, orçamento participativo e fóruns públicos.[271]

Considerando que a literatura vem ressaltando a importância da participação para a discussão sobre medidas de redução de riscos de desastres, investiga-se aqui o papel de canais de denúncia, especificamente das ouvidorias públicas, para tanto.

A narrativa construída pela literatura para mencionar o uso de canais de denúncia como ferramenta para a redução do risco de desastre é bastante simples: há casos de desastres bastante conhecidos e simbólicos cuja probabilidade de ocorrência teria sido alertada previamente, mas os relatos sobre os riscos não foram levados à sério e, por vezes, teriam levado à retaliação.

Alguns exemplos mencionam o desastre causado pelo vazamento de gás tóxico da fábrica da Union Carbide em Bhopal, Índia, em 1984, que poderia ter sido evitado por denúncias de trabalhadores e jornalistas que foram ignoradas pela autoridade local;[272] ou outros relatos prévios sinalizando riscos pelos quais os manifestantes sofreram retaliações, como a explosão da plataforma petrolífera Piper Alpha,

---

Serviços Públicos. Governo Digital: Estratégias e políticas digitais. Disponível em: https://www.gov.br/governodigital/pt-br/estrategias-e-politicas-digitais. Acesso em 28 jan. 2023; CRISTÓVAM, José Sérgio da Silva; HAHN, Tatiana Meinhart. Administração Pública Orientada por Dados: governo aberto e infraestrutura nacional de dados abertos. Revista de Direito Administrativo e Gestão Pública, [s.l.], v. 6, n. 1, p. 1, 19 ago. 2020. Conselho Nacional de Pesquisa e Pós-graduação em Direito – CONPEDI.

[270] SANCHEZ, Cristiane Sinimbu; MARCHIORI, Patricia Zeni. Participação Popular no Contexto das iniciativas de Governo Aberto: revisão sistemática da literatura. *Revista Brasileira de Políticas Públicas e Internacionais – Rppi*, [s.l.], v. 2, n. 2, p. 103-118, 22 dez. 2017. Portal de Periódicos UFPB. p. 105.

[271] OLIVEIRA, D. J. S.; CKAGNAZAROFF, I. B. A participação cidadã como um dos princípios de Governo Aberto. *Cadernos Gestão Pública e Cidadania*, São Paulo, v. 28, p. e84867, 2022.

[272] AGALGATTI, B. H.; KRISHNA, S. Business ethics (concepts and practices). *In*: FASTERLING, Björn; LEWIS, David. *Leaks, legislation and freedom of speech*: how can the law effectively promote public-interest whistleblowing? 2014. p. 71.

em 1988, causando 165 mortes; a tentativa de lançamento e explosão do ônibus espacial Challenger, em 1986;[273] o derramamento do navio petroleiro Exxon Valdez, em 1989, entre outros.[274]

A mesma narrativa se repete no Brasil. Uma reportagem publicada pelo The Wall Street Journal, em 2019, afirmou que os principais executivos da Vale teriam recebido um e-mail anônimo de um dos funcionários da mineradora duas semanas antes do rompimento de uma das estruturas em Brumadinho, Minas Gerais, dizendo que as barragens da empresa estavam no limite, mas o alerta foi ignorado.[275]

Ainda que forma genérica, algumas organizações internacionais também indicam essa possibilidade. Segundo a Transparência Internacional, programas de reportantes são uma das maneiras mais eficazes de detectar e prevenir a corrupção e outras práticas ilícitas, viabilizando a exposição de irregularidades e fraudes, ajudando a economizar milhões em fundos públicos, e a evitar desastres para a saúde e o meio ambiente.[276]

Para a Organização para a Cooperação e Desenvolvimento Econômico (OCDE), um regime eficaz de proteção e incentivo a manifestantes impede a prática de atos ilícitos; facilita a denúncia de má conduta sem medo de retaliação; ajuda a identificar a má conduta logo no início e, assim, ajuda a "prevenir desastres potencialmente graves".[277]

Na experiência internacional, o National Audit Office no Reino Unido ressalta que organizações que reconhecem o valor de relatos internos se tornam mais capazes de

> impedir atos ilícitos; detectar problemas potenciais cedo; permitir que informações críticas cheguem às pessoas que precisam saber e podem resolver o problema; demonstrar às partes interessadas, reguladores

---

[273] Para uma visão sobre como a estrutura, cultura e história moldaram as preferências e escolhas que levaram à decisão de lançamento do Challenger na NASA como ação situada, confira: VAUGHAN, D. Rational Choice, Situated Action, and the Social Control of Organizations – The Challenger Launch Decision. *In: Law and Society Review*, v. 32, n. 1, p. 23-61, 1998.

[274] VINTEN, Gerald. *Whistleblowing towards disaster prevention and management.* 2000. p. 19.

[275] G1 MINAS. *Executivos da Vale receberam e-mail anônimo sobre barragens no 'limite' duas semanas antes de desastre em Brumadinho, diz jornal.* 2019.

[276] TRANSPARENCY INTERNATIONAL. *Whistleblowing.*

[277] ORGANIZAÇÃO PARA A COOPERAÇÃO E DESENVOLVIMENTO ECONÔMICO (OCDE). *Study on Whistleblower Protection Frameworks, Compendium of Best Practices and Guiding Principles for Legislation*, §68.

e tribunais que são responsáveis e bem administrados; reduzir o risco de vazamentos [de informações] anônimos e maliciosos; minimizar custos e compensação de acidentes, investigações, litígios e fiscalizações regulatórias; e manter e melhorar sua reputação.[278] [279]

Por fim, o tema também foi tratado no Congresso Nacional brasileiro. Em 2019, quatro dos projetos de lei propostos que visavam implementar canais de denúncia, proteção a manifestantes, e incentivos ao relato, mencionavam também a importância da prevenção do rompimento de barragens e a ocorrência de desastres, como os de Mariana, em 2015, e Brumadinho, em 2019.[280]

Entre esses projetos de lei, o PL 1130/2019, por exemplo, buscava alterar o texto da PNSB para dispor sobre a obrigação de instalação, manutenção e divulgação de serviço de disque-denúncia pelo órgão fiscalizador para recebimento e tratamento de "denúncias de não conformidades relativas à segurança de barragens", em texto semelhante, mas mais restritivo que o aprovado na lei. O PL trazia na sua justificativa que:

> [...] é notória a circulação de informações entre técnicos de empresas responsáveis por barragens acerca de não conformidades relativas à segurança dessas estruturas que acabam ficando restritas ao ambiente de trabalho e sem providências adequadas, pela inexistência de canais externos que possam garantir a apuração da denúncia em tempo hábil e o anonimato dos denunciantes. Por medo de perda do emprego, de progressão na carreira ou de outras sanções dentro da empresa, os

---

[278] Tradução livre. *Cf.* NATIONAL AUDIT OFFICE. *Government whistleblowing policies.* 2014. p. 7.

[279] É importante ressalvar que os documentos mencionados da OCDE e do National Audit Office no Reino Unido dizem respeito especificamente a programas de reportantes, que têm despontado como ferramenta para o combate à corrupção. Um reportante (ou *whistleblower*) é uma pessoa que tem informações privilegiadas sobre uma irregularidade ou ilícito, no qual não está envolvida, e reporta essas informações às autoridades responsáveis por coibi-las, facilitando ou até viabilizando sua atuação, tendo como contrapartida garantias de proteção contra retaliação. Nesse sentido, reportantes representam um grupo específico de manifestantes.

[280] Em 2019, foram propostos os seguintes Projetos de Lei contendo disposições para o estabelecimento de canais de denúncias sobre barragens: PL 1693/2019; PL 1130/2019; PL 2791/2019; e o PL 550/2019, transformado na Lei n. 14.066/2020, que alterou a Lei n. 12.334/2010, que estabelece a PNSB. O levantamento desses PLs foi feito pela pesquisa conduzida pelo Grupo Público da FGV Direito SP, abrangendo a discussão sobre canais de denúncias e medidas de incentivo e proteção a reportantes no Congresso Nacional nos últimos 20 anos. *Cf.* GRUPO PÚBLICO. *Como viabilizar programas públicos de reportantes contra a corrupção no Brasil?* São Paulo: Fundação Getulio Vargas, 2020.

responsáveis técnicos, mesmo cientes dessas não conformidades, acabam não tendo como dar vazão às suas preocupações sem que seu nome seja envolvido. Estruturas como Ouvidorias não resolvem esse tipo de demanda, uma vez que o anonimato do denunciante não é garantido. [...] É necessária, pois, a implantação e manutenção de outros canais, como o disque-denúncia, por exemplo, mas desde que o órgão fiscalizador, após ampla divulgação do canal, possa apurar a veracidade de tais denúncias num curto prazo, priorizando aquelas com maior risco e dano potencial à vida humana e ao meio ambiente.[281]

O PL n. 1130/2019 foi arquivado, no entanto, outro PL com dispositivo semelhante (o PL 550/2019) foi transformado na Lei n. 14.066/2020, que altera a Política Nacional de Segurança de Barragens (PNSB). O instrumento foi adotado pela PNSB como parte das obrigações de fiscalização nos seguintes termos:

O órgão fiscalizador deve manter canal de comunicação para o recebimento de denúncias e de informações relacionadas à segurança de barragens. (Lei n. 14.334/2010, art. 5º, §3º).

Na redação original, o PL atribuía a obrigação ao SINPDEC, sistema de governança já estabelecido pela PNPDEC. No entanto, a redação final atribuiu genericamente aos "órgãos fiscalizadores" o dever de manter canais para o recebimento e tratamento de denúncias voltados à prevenção de desastres envolvendo barragens. Como visto anteriormente, isso inclui órgãos ambientais na esfera federal e estadual, a Comissão Nacional de Energia Nuclear (CNEN),[282] e três agências reguladoras federais: a Agência Nacional de

---

[281] CÂMARA DOS DEPUTADOS. *Projeto de Lei n. 1130, de 26 de fevereiro de 2019*. Altera a Lei n. 12.334, de 20 de setembro de 2010 (que estabelece a Política Nacional de Segurança de Barragens – PNSB), para obrigar o órgão fiscalizador a instalar e manter serviço de disque-denúncia e para corresponsabilizar a alta direção de empreendimentos minerários pela segurança de barragens de rejeito. Justificativa do PL 1130/2019. Disponível em: https://www.camara.leg.br/proposicoesWeb/prop_mostrarintegra?codteor=1714949&filename=PL+1130/2019. Acesso em: 24 out. 2021.

[282] Em 2021, foi criada a Autoridade Nacional de Segurança Nuclear (ANSN) pela Medida Provisória n. 1.049/2021, que foi posteriormente convertida na Lei n. 14.222/2021, a partir da cisão da CNEN, que permanece vinculada ao Ministério da Ciência, Tecnologia e Inovações (MCTI). Vinculada ao Ministério de Minas e Energia (MME), a ANSN tem como finalidade institucional monitorar, regular e fiscalizar a segurança nuclear e a proteção radiológica das atividades e das instalações nucleares, materiais nucleares e fontes de radiação no território nacional. Nesse sentido, para os fins da PNSB, entende-se que a CNEN será substituída pela ANSN. Considerando também o histórico de conhecidos desastres nucleares no mundo,

Energia Elétrica (ANEEL), a Agência Nacional de Águas e Saneamento Básico (ANA) e a Agência Nacional de Mineração (ANM). No caso de agências reguladoras federais, o recebimento e tratamento de manifestações é feito por meio de ouvidorias, às quais se atribui a função de acompanhar o processo interno de apuração de denúncias e reclamações dos interessados contra a atuação da agência (Lei n. 13.848/2019, art. 22, §1º, inc. II).

No Brasil, ouvidorias públicas passaram a ser amplamente utilizadas apenas recentemente. Como se verá na análise da normativa relacionada a esse processo, prevaleceu por muito tempo o uso de canais de disque-denúncia.

As ouvidorias públicas se inserem na Rede Nacional de Ouvidorias, coordenada pela Ouvidoria-Geral da União (OGU) que, por sua vez, é ligada à Controladoria-Geral da União (CGU).

As ouvidorias públicas federais atuam na mediação das relações entre Estado e sociedade. Elas são informadas por uma racionalidade instrumental, com foco na qualidade do serviço prestado, no atingimento de metas e na satisfação do usuário.[283] Apesar disso, ao contrário dos serviços de mero atendimento ao cidadão, a sua ação tem caráter estratégico, e não rotineiro.[284]

As ouvidorias de agências reguladoras estão inseridas no contexto da EC n. 19/1998, que instituiu a já mencionada reforma do Estado. Assim, junto à formação de fóruns especializados das agências reguladoras, que pressupõem um saber técnico consolidado,

---

seria interessante inclui-la no recorte proposto. Todavia, na data de realização deste estudo, a estrutura regimental e funcional da ANSN não havia sido definida, razão pela qual ela não é citada aqui entre as agências reguladoras federais. *Cf.* MINISTÉRIO DE MINAS E ENERGIA. *Decreto aprova a estrutura regimental e quadro de cargos e funções da Autoridade Nacional de Segurança Nuclear (ANSN)*. Disponível em: https://www.gov.br/secretariageral/pt-br/noticias/2022/julho/decreto-aprova-a-estrutura-regimental-e-quadro-de-cargos-e-funcoes-da-autoridade-nacional-de-seguranca-nuclear-ansn#:~:text=Vinculada%20ao%20Minist%C3%A9rio%20de%20radia%C3%A7%C3%A3o%20no%20territ%C3%B3rio%20nacional. Acesso em: 27 fev. 2023.

[283] GOMES, Manoel Eduardo Alves Camargo e. Modelos de Ouvidorias Públicas no Brasil. *In: Ouvidoria pública brasileira*: reflexões, avanços e desafios / organizadores: Ronald do Amaral Menezes, Antonio Semeraro Rito Cardoso. – Brasília: Ipea, 2016. p. 30.

[284] MENEZES, Ronald do Amaral; NETO, Fernando Cardoso Lima; CARDOSO, Antonio Semeraro Rito. As Ouvidorias e o Uso Público da Razão: proposta de um modelo ideal-possível à luz dos atos normativos das ouvidorias públicas federais no Brasil. *In: Ouvidoria pública brasileira*: reflexões, avanços e desafios / organizadores: Ronald do Amaral Menezes, Antonio Semeraro Rito Cardoso. Brasília: Ipea, 2016. p. 79.

representam um espaço de valorização das competências dos cidadãos e da democracia participativa.[285]

Nas agências reguladoras, as ouvidorias podem ser caracterizadas como um instrumento de controle intraorgânico, na medida em que atuam sobre os atos praticados pela própria agência, ou extraorgânico, por atuarem também em contato com os agentes regulados.[286] Assim, têm um escopo de atuação que permeia demandas e responsabilidades públicas e privadas na regulação para a redução de riscos.

Ainda que ouvidorias possam ser consideradas um meio de participação e controle social, a sua implementação de forma pouco ordenada e esparsa em diferentes experiências pelo território nacional revela indícios de que ainda é um modelo com pouca maturidade na implementação. Presentes em todas as esferas de governo, as ouvidorias apresentam diferentes graus e institucionalidade, independência e autonomia.[287]

Como resultado disso, José Romão aponta que somente em 2014 a OGU alcançou um plano de atuação legítimo e viável através de um processo de reestruturação. O referido processo foi planejado e executado em três eixos: (i) a reorganização das suas atribuições, incluindo as competências decorrentes da Lei de Acesso à Informação; (ii) a conexão das atividades de ouvidoria com as demais funções da CGU; e (iii) a sistematização da atuação das quase trezentas ouvidorias públicas federais, incluindo as ouvidorias públicas de agências reguladoras federais, como instâncias de controle e participação social com a edição da Instrução Normativa n. 01/2014.[288] [289]

---

[285] COMPARATO, Bruno Konder. Ouvidorias Públicas como Instrumento para o Fortalecimento da Democracia Participativa e para a Valorização da Cidadania. *In: Ouvidoria pública brasileira*: reflexões, avanços e desafios / organizadores: Ronald do Amaral Menezes, Antonio Semeraro Rito Cardoso. Brasília: Ipea, 2016. p. 44.

[286] GOMES, Manoel Eduardo Alves Camargo e. Modelos de Ouvidorias Públicas no Brasil. *In: Ouvidoria pública brasileira*: reflexões, avanços e desafios. Brasília: Ipea, 2016. p. 30.

[287] *Idem*, p. 13.

[288] Posteriormente revogada pela Portaria n. 581/2021, que "[e]stabelece orientações para o exercício das competências das unidades do Sistema de Ouvidoria do Poder Executivo federal, instituído pelo Decreto n. 9.492, de 5 de setembro de 2018, dispõe sobre o recebimento do relato de irregularidades de que trata o caput do art. 4º-A da Lei n. 13.608, de 10 de janeiro de 2018, no âmbito do Poder Executivo federal, e dá outras providências."

[289] ROMÃO, José Eduardo Elias. A Efetividade da Ouvidoria-Geral da União. *In: Ouvidoria pública brasileira*: reflexões, avanços e desafios. Brasília: Ipea, 2016. p. 187.

Apesar dos desafios, a Rede Nacional de Ouvidorias vem se desenvolvendo nos últimos anos, e é vista como um dos expoentes de iniciativas de governo aberto no Brasil. Nesse sentido, foram implementadas iniciativas como o Sistema Informatizado de Ouvidorias do Poder Executivo Federal (e-Ouv),[290] que permite que as manifestações sejam recebidas pelas ouvidorias de forma padronizada, além de viabilizar o tratamento da manifestação e resposta ao usuário, e a produção de dados, tanto para o órgão questionado quanto para a própria OGU; a interface Fala.BR – Plataforma Integrada de Ouvidoria e Acesso à Informação e a Rede Nacional de Ouvidorias,[291] que permitiu a expansão do e-Ouv e o uso do sistema para recebimento das solicitações de simplificação de serviços públicos; e a disponibilização de dados integrados de atendimento por meio do Painel "Resolveu?".[292] Essas inovações, para além de fortalecerem a transparência e o acesso à informação, representaram mais um passo rumo à incorporação da agenda da participação social no poder público.[293]

Dentro desse contexto, e tendo em vista a previsão legal de que canais de denúncia sejam utilizados como ferramenta para redução do risco de desastres envolvendo barragens, este estudo buscou investigar a atuação das ouvidorias públicas em agências reguladoras federais de infraestrutura como uma alternativa para fortalecimento da participação na redução do risco de desastres no Brasil.

---

[290] BRASIL. *Decreto n. 9.492, de 5 de setembro de 2018*. Regulamenta a Lei n. 13.460, de 26 de junho de 2017, que dispõe sobre participação, proteção e defesa dos direitos do usuário dos serviços públicos da administração pública federal, institui o Sistema de Ouvidoria do Poder Executivo federal, e altera o Decreto n. 8.910, de 22 de novembro de 2016, que aprova a Estrutura Regimental e o Quadro Demonstrativo dos Cargos em Comissão e das Funções de Confiança do Ministério da Transparência, Fiscalização e Controladoria-Geral da União.

[291] BRASIL. *Decreto n. 9.723, de 11 de março de 2019*. Altera o Decreto n. 9.094, de 17 de julho de 2017, o Decreto n. 8.936, de 19 de dezembro de 2016, e o Decreto n. 9.492, de 5 setembro de 2018, para instituir o Cadastro de Pessoas Físicas – CPF como instrumento suficiente e substitutivo da apresentação de outros documentos do cidadão no exercício de obrigações e direitos ou na obtenção de benefícios e regulamentar dispositivos da Lei n. 13.460, de 26 de junho de 2017.

[292] AVELINO, Daniel Pitangueira de; POMPEU, João Cláudio; FONSECA, Igor Ferraz da. TD 2624 – Democracia digital: mapeamento de experiências em dados abertos, governo digital e ouvidorias públicas. *Texto Para Discussão*, [s.l.], p. 1-52, 19 jan. 2021. Instituto de Pesquisa Econômica Aplicada – IPEA. p. 27.

[293] *Idem*, p. 8.

Para isso, primeiramente, procurou-se identificar se esses canais recebem manifestações relativas a riscos ou a ocorrências de desastres feitas por agentes regulados ou cidadãos. Em seguida, foi preciso entender se esses canais estariam aptos para o recebimento e tratamento de tais manifestações de forma adequada, caso elas venham a ocorrer.

Extrapolando a obrigação das agências reguladoras citadas anteriormente na PNSB – quais sejam, ANEEL, ANA e a ANM – também foram incluídas no escopo do estudo a ANAC, a ANP, a ANTAQ, e a ANTT, compondo um universo de sete ouvidorias em agências reguladoras federais de infraestrutura.

Para isso, foi feita a análise do conteúdo de materiais fornecidos pelas unidades de ouvidoria via LAI e dos relatórios de gestão disponibilizados online, além das entrevistas feitas com três das ouvidorias incluídas no recorte citado. A sistematização e análise desses dados baseou-se nos parâmetros estabelecidos na legislação brasileira sobre canais de denúncia e ouvidorias e nas boas práticas informadas pelo Modelo de Maturidade em Ouvidoria Pública (MMOuP), desenvolvido pela CGU com a finalidade de conduzir o processo de aprimoramento das ouvidorias públicas (Portaria n. 581/2021, art. 76).[294]

4.2 Ouvidorias públicas em agências reguladoras como ferramenta para a redução do risco de desastres

Um primeiro passo para a compreensão do funcionamento das ouvidorias públicas é entender o quadro normativo sob o qual elas são reguladas. A seguir, é feita uma breve introdução

---

[294] O MMOuP foi desenvolvido como instrumento para auxiliar o processo de melhoria da gestão das unidades de ouvidoria, o fortalecimento da integridade pública e o desenvolvimento de mecanismos de combate à corrupção, tendo em vista o entendimento de que a ouvidoria pública é um meio de ampliar os canais de diálogo entre Estado de sociedade e oferecer novos espaços de exercício da cidadania. Cf. OUVIDORIAS. GOV. *Modelo de Maturidade em Ouvidoria Pública*: referencial teórico. Referencial teórico. Disponível em: https://www.gov.br/ouvidorias/pt-br/ouvidorias/modelo-de-maturidade-em-ouvidoria-publica/referencial-teorico. Acesso em: 18 set. 2022.

JULIA CAROLINA MALACRIDA DE PÁDUA
DIREITO ADMINISTRATIVO DOS DESASTRES

desse arcabouço normativo, de forma a ilustrar a evolução da regulamentação recente de canais de denúncia e ouvidorias públicas no Brasil.

4.2.1 A evolução da regulamentação de canais de denúncia e de ouvidorias públicas no Brasil

A Lei n. 13.460/2017,[295] regulamentada pelo Decreto n. 9.492/2018, representou o primeiro passo para dotar as ouvidorias públicas de um lastro normativo concreto. Ela regulamenta a participação, proteção e defesa dos direitos do usuário dos serviços públicos da administração pública, dispondo sobre diferentes mecanismos de participação na administração, incluindo conselhos de usuários e ouvidorias públicas.

A lei atribuiu às ouvidorias os deveres de: (i) promover a participação do usuário na administração pública, em cooperação com outras entidades de defesa do usuário; (ii) acompanhar a prestação dos serviços, visando a garantir a sua efetividade; (iii) propor aperfeiçoamentos na prestação dos serviços; (iv) auxiliar na prevenção e correção dos atos e procedimentos incompatíveis com os princípios estabelecidos na lei; (v) propor a adoção de medidas para a defesa dos direitos do usuário; (vi) receber, analisar e encaminhar às autoridades competentes as manifestações, acompanhando o seu tratamento e a efetiva conclusão perante o órgão ou a entidade a que se vincula; e (vii) promover a adoção de mediação e conciliação entre o usuário e o órgão ou a entidade pública, sem prejuízo de outros órgãos competentes (art. 13). Para isso, requer o recebimento, análise e resposta das manifestações encaminhadas por usuários de serviços públicos; e a elaboração anual de relatórios de gestão (art. 14).

Assim, a legislação confere às ouvidorias um duplo papel de não só viabilizar a participação dos usuários de serviços públicos na administração através do recebimento e tratamento

---

[295] BRASIL. *Lei n. 13.460, de 26 de junho de 2017.* Dispõe sobre participação, proteção e defesa dos direitos do usuário dos serviços públicos da administração pública.

de manifestações, mas também de contribuir para a melhora na prestação desses serviços através da análise e sistematização dos gargalos identificados.

Em seguida, a Lei do Disque-Denúncia (Lei n. 13.608/2018)[296] foi um dos expoentes normativos para a regulamentação de canais de denúncia e proteção de manifestantes no Brasil, estipulando: (i) a obrigação de empresas de transporte terrestres que operam sob concessão da União, dos Estados, do Distrito Federal ou dos Municípios de exibir em seus veículos informações sobre canais de disque-denúncia e expressões de incentivo à colaboração pela população com garantia de anonimato (art. 1º, caput e incisos); (ii) a autorização para que os Estados estabelecessem serviços de recepção de denúncias através de convênios com entidades privadas sem fins lucrativos (art. 2º); (iii) a garantia de sigilo dos dados aos reportantes que se identificassem (art. 3º); e (iv) a permissão para o estabelecimento de recompensas, inclusive através do pagamento de valores em espécie, pelas unidades federativas a informações úteis à prevenção, repressão ou apuração de crimes ou ilícitos administrativos (art. 4º).

As obrigações e permissivos previstos eram, ainda, bastante genéricos e careciam de uma maior concretude que permitisse a sua operacionalização.

Em dezembro de 2019, a alteração promovida pela Lei n. 13.964/2019[297] aproximou a Lei do Disque-Denúncia do modelo das ouvidorias, inserindo dispositivo que previa a manutenção de "unidade de ouvidoria ou correição, para assegurar a qualquer pessoa o direito de relatar informações sobre crimes contra a administração pública, ilícitos administrativos ou quaisquer ações ou omissões lesivas ao interesse público" pela União, Estados, Distrito Federal, Municípios e suas autarquias e fundações, empresas públicas e sociedades de economia mista (Lei n. 13.608/2018, art. 4º-A).

---

[296] BRASIL. *Lei n. 13.608, de 10 de janeiro de 2018.* Dispõe sobre o serviço telefônico de recebimento de denúncias e sobre recompensa por informações que auxiliem nas investigações policiais; e altera o art. 4º da Lei n. 10.201, de 14 de fevereiro de 2001, para prover recursos do Fundo Nacional de Segurança Pública para esses fins.

[297] BRASIL. *Lei n. 13.964, de 24 de dezembro de 2019.* Aperfeiçoa a legislação penal e processual penal.

No mesmo sentido, o Decreto n. 10.153/2019,[298] posteriormente complementado pelo Decreto n. 10.890/2021,[299] buscou regulamentar a proteção à identidade do denunciante de ilícito ou de irregularidade praticados contra órgãos e entidades da administração pública federal, direta e indireta (art. 1º), estabelecendo duas ordens de competência: o recebimento e tratamento de manifestações pelas unidades do Sistema de Ouvidoria do Poder Executivo Federal (art. 5º) e a apuração e tratamento de denúncias pela CGU (art. 10).

Essas são as principais normas necessárias para a compreensão da atuação das ouvidorias públicas. A esse quadro somam-se, ainda, a Portaria da CGU n. 581/2021, além de outros diplomas já citados como parte da discussão sobre governo aberto, que se desenvolveu no mesmo contexto, e a Lei Geral de Proteção de Dados (LGPD).[300]

4.2.2. Risco de desastres como tema de manifestações feitas a ouvidorias

Ao analisar o objeto das manifestações direcionadas às ouvidorias das agências reguladoras, a primeira questão colocada é se manifestações sobre riscos de desastres podem ser objeto de manifestação.

As manifestações destinadas a ouvidorias públicas são classificadas em: reclamações, denúncias, sugestões, elogios e demais pronunciamentos de usuários que tenham como objeto a prestação de serviços públicos e a conduta de agentes públicos na prestação e fiscalização de tais serviços (Lei n. 13.460/2017, art. 2º, V). Conforme o Decreto n. 9.492/2018, os tipos de manifestações são:

---

[298] BRASIL. *Decreto n. 10.153, de 03 de dezembro de 2019*. Dispõe sobre as salvaguardas de proteção à identidade dos denunciantes de ilícitos e de irregularidades praticados contra a administração pública federal direta e indireta e altera o Decreto n. 9.492, de 5 de setembro de 2018.

[299] BRASIL. *Decreto n. 10.890, de 09 de dezembro de 2021*. Altera o Decreto n. 9.492, de 5 de setembro de 2018, e o Decreto n. 10.153, de 3 de dezembro de 2019, para dispor sobre a proteção ao denunciante de ilícitos e de irregularidades praticados contra a administração pública federal direta e indireta.

[300] Citam-se, novamente, a LAI (Lei n. 13.709/2018), a Política Nacional de Governo Aberto (Decreto n. 10.160/2019), e a Política de Dados Abertos do Poder Executivo Federal (Decreto n. 8.777/2016; Decreto n. 9.903/2019; e Resolução n. 3/2017 do Comitê Gestor da Infraestrutura Nacional de Dados Abertos).

Quadro 3 – Tipologia de manifestações destinadas a ouvidorias públicas

Reclamação	Denúncia	Elogio	Sugestão	Solicitação de providências
Demonstração de insatisfação relativa à prestação de serviço público e à conduta de agentes públicos na prestação e na fiscalização desse serviço.	Ato que indica a prática de irregularidade ou de ilícito cuja solução dependa da atuação dos órgãos apuratórios competentes.	Demonstração de reconhecimento ou de satisfação sobre o serviço público oferecido ou o atendimento recebido.	Apresentação de ideia ou formulação de proposta de aprimoramento de serviços públicos prestados por órgãos e entidades da administração pública federal.	Pedido para adoção de providências por parte dos órgãos e das entidades administração pública federal.

Fonte: elaboração própria.

A Lei n. 13.608/2018 traz ainda uma figura adicional: o relato. Esse diploma teve originalmente o objetivo de disciplinar programas de reportantes para conferir proteção àquele que, pelo relato, apresenta informações que desencadeiem uma investigação, ou informações úteis para a prevenção, a repressão ou a apuração de crimes ou ilícitos administrativos. Assim, os relatos são mais restritos que as manifestações. A análise realizada pelo Grupo Público da FGV Direito SP propõe a seguinte sintetização dessas categorias:[301]

Figura 6 – Denúncia, relato e manifestação

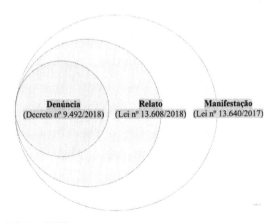

Fonte: Grupo Público (2020).

---

[301] GRUPO PÚBLICO. *Como viabilizar programas públicos de reportantes contra a corrupção no Brasil?* São Paulo: Fundação Getúlio Vargas, 2020. p. 146.

A redação da PNSB diz que o órgão fiscalizador deve manter canal para receber *denúncia* ou *informação*. Se que uma pessoa quiser falar sobre o risco do rompimento de uma barragem, entendendo tratar-se de um ilícito ou da prática de uma irregularidade com indícios de materialidade, ela pode fazer uma denúncia. Mesmo a categoria da informação requer, no entanto, que se tenha uma informação útil, capaz de desencadear uma investigação, por exemplo. Contudo, pode ser mais difícil aplicar essa classificação legal a casos em que a informação é menos elaborada. Não se exclui a possibilidade de que a comunicação diga respeito a uma dica, sem maior materialidade quanto aos fatos, ou a uma reclamação de que a fiscalização não está sendo feita da forma apropriada.

Para o tema da redução do risco de desastres, a classificação nos termos da lei pode parecer dotada de atecnia, sem uma categoria apropriada que abranja todas as formas que uma comunicação sobre riscos de desastres pode ter. No entanto, considerando o interesse de que manifestações sobre riscos de desastres cheguem às autoridades competentes para agir preventivamente, é importante garantir que a imprecisão na classificação do tipo de manifestação não caracterize um empecilho para o seu tratamento. Qualquer que seja o caso, espera-se que a comunicação seja levada a sério e seja apropriadamente apurada.

Em termos práticos, no entanto, o tratamento da manifestação é feito como se denúncia fosse, conforme estabelecido na Portaria n. 581/2021:

> Art. 84. Ao relato de irregularidades de que trata o caput do art. 4º-A da Lei n. 13.608, de 10 de janeiro de 2018, será dado o tratamento de denúncia, nos termos dos Decretos n. 9.492, de 2018, e n. 10.153, de 2019.
> Parágrafo único. Entendem-se por irregularidade os ilícitos administrativos ou quaisquer ações ou omissões lesivas ao interesse público.

Não há dúvidas de que riscos de desastres envolvendo barragens podem ser objeto de manifestações feitas aos órgãos competentes, mas cabe o questionamento sobre a extensão a riscos de desastres de forma geral, considerando outras falhas de infraestrutura que possam gerar ou contribuir para sua a ocorrência.

Se, a princípio, não há nenhuma previsão expressa para tanto, tampouco parece haver um impedimento expresso na lei quanto a essa possibilidade.

A Lei n. 13.608/2018, apesar do objetivo principal de combate à corrupção, ilícitos administrativos e outros crimes contra a administração pública, traz uma categoria que poderia abarcar esse objetivo ao incluir em seu objeto "quaisquer ações ou omissões lesivas ao interesse público" (art. 4-A, caput).

A redação sobre omissões lesivas ao interesse público é aberta, havendo inclusive um debate na doutrina administrativista sobre o caráter indeterminado do conteúdo do interesse público no Brasil.[302]

Cabe mencionar que a experiência internacional com canais de denúncia sobre lesões ao interesse público inclui a possibilidade de relatos sobre riscos, como é o caso das leis do Reino Unido e da Austrália sobre relatos de interesse público (ambas chamadas *Public Interest Disclosure Act*, dos anos de 1998 e 2013, respectivamente), que incluem, por exemplo, relatos sobre ações ou omissões que ponham em risco a segurança e saúde das pessoas ou a integridade do meio ambiente.[303]

Assim, não havendo restrições expressas no ordenamento brasileiro à sua aplicação nesse sentido, entende-se que a lei ampliou o escopo da manifestação a ser direcionada à administração pública, permitindo a extrapolação para a inclusão de manifestações sobre riscos de desastres nesta última categoria.

Sendo possível que o tema seja objeto de manifestações, cabe verificar se, na prática, a hipótese se concretiza, ou seja, se as unidades de ouvidoria de agências reguladoras federais de infraestrutura recebem manifestações sobre riscos de desastres. Para responder a essa pergunta, cabe uma incursão nos dados fornecidos pelas agências reguladoras que são objeto deste estudo.

O relatório anual do Serviço de Informações ao Cidadão (SIC) sobre as demandas recebidas pela ouvidoria da ANA entre os meses de janeiro a dezembro de 2021 faz referência a dois pedidos de

---

[302] Sobre o caráter aberto e indeterminado do uso de expressões como interesse público, *cf.* SUNDFELD, Carlos Ari. Crítica à doutrina dos princípios do direito administrativo. *In:* SUNDFELD, Carlos Ari. *Direito Administrativo para Céticos.* 2. ed. São Paulo: Malheiros, 2014. Cap. 7. p. 179-204; SUNDFELD, Carlos Ari. Princípio é preguiça? *In:* SUNDFELD, Carlos Ari. *Direito Administrativo para Céticos.* 2. ed. São Paulo: Malheiros, 2014. Cap. 8. p. 205-230.

[303] Tradução livre. *Cf.* NATIONAL AUDIT OFFICE. *Government whistleblowing policies.* 2014, p. 8-9; COMMONWEALTH OMBUDSMAN. *Public Interest Disclosure.*

acesso à informação sobre segurança de barragens, realizados nos meses de agosto e dezembro. Não há, entretanto, maiores detalhes sobre o teor desses pedidos ou sobre outras informações referentes a riscos de desastres.[304]

Tomando como exemplo o relatório de gestão referente ao ano de 2021, a ouvidoria da ANAC informa que, das 36.362 manifestações direcionadas à agência reguladora nesse ano, 1.659 foram denúncias contra entes regulados.[305] Entre elas, citam-se denúncias que poderiam potencialmente tratar de situações de riscos, como: 202 denúncias sobre operação irregular de drones; 194 denúncias sobre voo rasante ou manobras arriscadas de aeronaves; 107 denúncias sobre aeronave com endereçamento irregular; 76 denúncias sobre pousos em locais não cadastrados; 68 denúncias sobre táxi aéreo pirata; 66 denúncias sobre manutenção clandestina de aeronave; 54 denúncias sobre procedimentos irregulares; 53 denúncias sobre irregularidades em curso; 39 denúncias sobre falha na manutenção de aeronaves; 39 denúncias sobre voo irregular de aeronave; e outras 761 denúncias classificadas como "outros".

Em resposta ao pedido de acesso à informação, a ANEEL indicou não receber informações a respeito de riscos de desastres, e informou que 99% das manifestações recebidas e classificadas pelos usuários como denúncia não se enquadram nos requisitos para tal classificação, por tratarem de reclamações sobre relação consumerista.

A ouvidoria da ANM informou, em resposta ao pedido de acesso à informação, que manifestações sobre riscos de acidentes e desastres não são consideradas denúncias, e sim solicitações de serviços de competência da agência. Para a agência, são consideradas denúncias somente as manifestações em desfavor de servidor ou de ato praticado pela agência em desacordo ou descumprimento

---

[304] AGÊNCIA NACIONAL DE ÁGUAS E SANEAMENTO BÁSICO (ANA). *Relatório anual do SIC – Quantitativo de demandas no período de Janeiro/2021 a Dezembro/2021*. 2021. Disponível em: https://www.gov.br/ana/pt-br/todos-os-documentos-do-portal/documentos-cor/relatorios-sic/relatorio-anual-do-sic-quantitativo-de-demandas-no-periodo-de-janeiro2021-a-dezembro2021.pdf/view. Acesso em: 29 ago. 2022.

[305] AGÊNCIA NACIONAL DE AVIAÇÃO CIVIL (ANAC). *Relatório de Gestão e Atividades – 2021*. 2022. p. 17. Disponível em: https://www.gov.br/anac/pt-br/canais_atendimento/ouvidoria/arquivos/relatorios/Relatorio_Gestao_Atividades_Ouvidoria_2021.pdf/view. Acesso em: 29 ago. 2022.

da legislação em vigor. Não foi especificado qual o conteúdo ou a frequência de recebimento de manifestações sobre riscos de desastres.

O relatório disponibilizado pela ANP, referente ao ano de 2020, informa que as denúncias correspondem a aproximadamente 17% das manifestações recebidas pelo mecanismo, enquanto as reclamações e solicitações representam cerca de 53% do total. Segundo o relatório, as denúncias recebidas em 2020 são todas referentes a possíveis práticas lesivas aos consumidores de combustíveis líquidos e Gás Liquefeito de Petróleo (GLP), e não houve nenhuma denúncia envolvendo a atuação da ANP.[306]

A ouvidoria da ANP também informou, em resposta a pedido de acesso à informação, que o tema principal das denúncias é referente à fiscalização do abastecimento, o que inclui a não conformidade dos combustíveis, a aferição das bombas abastecedoras, as revendas de GLP sem autorização da ANP (estabelecimentos clandestinos) e a prática de preços abusivos. Além disso, informou receber denúncias contra segurança nas plataformas para exploração de petróleo.

Entre as denúncias recebidas pela agência, destaca-se que a Superintendência de Produção de Combustíveis (SPC) informou ter recebido 62 denúncias encaminhadas pela Central de Atendimento da ANP nos últimos 10 anos tratando de segurança nas instalações produtoras de combustíveis e de furto de combustíveis; a Superintendência de Infraestrutura e Movimentação (SIM) informou que tem o registro de 47 denúncias recebidas no mesmo período relacionadas às instalações reguladas pela SIM (Portaria n. 256/2020, art. 117).[307] A Superintendência de Produção de Combustíveis (SPC) registrou 62 denúncias encaminhadas pela Central de Atendimento da ANP tratando da segurança nas instalações produtoras de combustíveis e de furto de combustíveis.

---

[306] AGÊNCIA NACIONAL DO PETRÓLEO, GÁS NATURAL E BIOCOMBUSTÍVEIS (ANP). *Relatório Anual 2020 – Ouvidoria ANP*. 2020. p. 27. Disponível em: https://www.gov.br/anp/pt-br/centrais-de-conteudo/relatorioanualouvidoria2020.pdf.composicao/ouvidoria. Acesso em: 2 set. 2022.

[307] AGÊNCIA NACIONAL DO PETRÓLEO, GÁS NATURAL E BIOCOMBUSTÍVEIS (ANP). *Portaria n. 265, de 10 de setembro de 2020*. Estabelece o Regimento Interno da Agência Nacional do Petróleo, Gás Natural e Biocombustíveis – ANP.

Sobre a ANTAQ, o relatório anual de ouvidoria referente ao ano de 2021 não informa a existência de manifestações sobre desastres, riscos (à exceção de risco de compartilhamento de informação), catástrofes ou emergências. Apesar disso, entre os assuntos mais demandados de 2021, o relatório cita acidentes na navegação (5 manifestações) e meio ambiente (12 manifestações).[308]

Por fim, em contato telefônico realizado com o ouvidor substituto da ANTT, foi informado que não existe campo no sistema gerencial da ouvidoria para assuntos de segurança, prevenção ou redução de risco de desastres devido à falta de ocorrências de manifestações sobre esses temas. A ouvidoria também informou que os campos de classificação no sistema são criados conforme a demanda. Por outro lado, se supôs que uma eventual manifestação nesse sentido poderia ser registrada como uma reclamação a respeito de uma rodovia ou ferrovia sob concessão,[309] mas não seria identificada no sistema interno da ouvidoria com temas como risco ou desastres.

Tomando como exemplo o relatório anual de gestão de 2021, disponibilizado pela ouvidoria da ANTT, não há uma especificação para os temas tratados em manifestações. Ainda assim, o relatório indica que as reclamações corresponderam a 20.808 manifestações (4,87% do total no ano), enquanto as denúncias recebidas, que dizem respeito somente a manifestações sobre supostas irregularidades ou ilícitos cometidos por agente público da ANTT, corresponderam a 70 manifestações (0,02% do total no ano de referência).[310]

Em complementação à análise documental feita a partir das informações prestadas por meio da LAI e dos relatórios institucionais disponibilizados por algumas das ouvidorias, as entrevistas realizadas também trazem indícios para compreensão da questão

---

[308] AGÊNCIA NACIONAL DE TRANSPORTES AQUAVIÁRIOS (ANTAQ). *Ouvidoria – Relatório Anual de 2021 – Edição jan-mar/2022.* 2022. p. 12. Disponível em: https://www.gov. br/antaq/pt-br/canais_atendimento/RELATORIO_DE_OUVIDORIA_2021_ARTE_FINAL. pdf. Acesso em: 1 set. 2022.

[309] Considerando a expansão de estratégias regulatórias para a redução do risco de desastres, seria interessante investigar cláusulas nesse sentido em contratos de concessão de infraestrutura.

[310] AGÊNCIA NACIONAL DE TRANSPORTES TERRESTRES (ANTT). *Relatório Anual da Ouvidoria.* 2021. Disponível em: https://www.gov.br/antt/pt-br/canais-atendimento/ ouvidoria/relatorio_anual_-ouvidoria_2021.pdf. Acesso em: 1 set. 2022.

colocada. Foi apontado por uma das ouvidorias entrevistadas que o tema de desastres também estava no escopo da sua atuação (E1); outra mencionou que a ouvidoria recebe obrigatoriamente demandas ou denúncias a respeito desse tema (E2); e a terceira mencionou que tais relatos existem, mas não são frequentes (E3).

Dessa forma, a identificação de manifestações relacionadas a riscos de desastres nas ouvidorias apresenta algumas dificuldades.

Em primeiro lugar, na falta de uma previsão legislativa expressa nesse sentido, é possível que as próprias ouvidorias de agências reguladoras não entendam esses temas como parte do seu escopo de atuação, entendam esse escopo como subsidiário, ou não considerem a recepção e tratamento de manifestações como parte da fiscalização. Nesse sentido, uma das pessoas entrevistadas, quando questionada se, na sua avaliação, canais de denúncias em agências reguladoras federais são ou poderiam ser uma ferramenta utilizada com o objetivo de reduzir o risco de desastres no Brasil, indicou que "poderia em segundo plano, porque a gente não atua diretamente na prevenção de acidentes. A gente atua na fiscalização do trabalho da nossa competência" (E2).

Dessa forma, é possível que as ouvidorias não vejam a si mesmas como a única ou principal ferramenta para a redução de riscos, entendendo que compõem um conjunto de mecanismos com esse objetivo, incluindo regulações setoriais sobre segurança e adoção de medidas para a redução de risco estabelecidos em parâmetros e normas técnicas setoriais nacionais e internacionais (E1, E3).

Em determinados setores, manifestações sobre riscos de desastres sequer são consideradas escopo das ouvidorias das agências reguladoras, e são encaminhadas para agentes externos, como, por exemplo, o corpo de bombeiros local, ou a autoridade marítima. O encaminhamento dessas manifestações é feito pelas próprias ouvidorias ou, por vezes, os manifestantes podem ser orientados a entrar em contato com outra autoridade pública. Conforme visto anteriormente, esses podem ser órgãos envolvidos em planos de ações de emergência, que podem ser vistos pelas ouvidorias como principais responsáveis pela atuação nesse sentido, sem o reconhecimento do seu próprio papel.

Em segundo lugar, na medida em que não há uma padronização da forma como as manifestações são classificadas pelas ouvidorias, é possível que tais manifestações não sejam identificadas.

Se não há categorias próprias para a identificação de manifestações relacionadas a riscos de desastres, não é possível afirmar que as unidades de ouvidoria nas agências reguladoras federais analisadas tenham recebido ou não manifestações sobre o tema. Assim, é possível que, ainda que existam, tais manifestações não sejam classificadas sob essa tipologia.[311]

A classificação precisa dos temas trazidos pelas manifestações recebidas ajuda a identificação, monitoramento e tratamento de riscos pelas ouvidorias, e é feita por cada agência reguladora, conforme as necessidades e particularidades do setor (E1). No entanto, o processo de recebimento de manifestações e a classificação dos temas tratados pode ser feito de forma pouco sistemática ou estratégica, aglutinando manifestações conforme a prática corrente nas ouvidorias e sem a preocupação com a identificação e o tratamento específico de temas críticos.[312] Dessa forma, é possível que esses temas não sejam classificados de forma apropriada.

Em entrevista realizada, foi indicada a importância de classificação de informações a respeito de riscos:

> Uma evolução que a gente espera ter em pouco tempo, e eu acho que também seria válido para qualquer ouvidoria que trabalhe com um setor que tenha riscos, é uma classificação bem precisa das denúncias. A classificação te permite construir painéis e esses painéis que vão apontar riscos. A gente tem uma classificação, mas uma classificação que nasceu naturalmente. Não é uma classificação que a gente tenha um estudo aprofundado. [...] Mas dá para perceber olhando o painel quais assuntos são que são mais realmente arriscados, que tem mais denúncias. (E1)

---

[311] Sobre a importância e metodologia para a codificação de manifestações recebidas pela Ouvidoria da Fundação Renova, no caso do desastre do Rio Doce, *cf.* FUNDAÇÃO GETULIO VARGAS. *Proposta de Categorização Temática das Denúncias da Ouvidoria da Fundação Renova Considerando a Vulnerabilidade e a Centralidade das Pessoas Atingidas.* Rio de Janeiro; São Paulo: FGV, 2021u; FUNDAÇÃO GETULIO VARGAS. *Recomendações para o aprimoramento da Matriz de Criticidade da Ouvidoria da Fundação Renova e Proposta de protocolo para a priorização com base em parâmetros de severidade e vulnerabilidade.* Rio de Janeiro; São Paulo: FGV, 2022.

[312] O uso de *big data* para proposição de melhoria de políticas públicas e para suprir lacunas de participação, inclusive fazendo uso de recursos de inteligência artificial, é apontado como um dos desafios a ser enfrentado pela OGU e ouvidorias públicas. *Cf.* AVELINO, Daniel Pitangueira de; POMPEU, João Cláudio; FONSECA, Igor Ferraz da. TD 2624 – Democracia digital: mapeamento de experiências em dados abertos, governo digital e ouvidorias públicas. *Texto Para Discussão*, [s.l.], p. 1-52, 19 jan. 2021. Instituto de Pesquisa Econômica Aplicada – IPEA. p. 29.

Há, portanto, um permissivo genérico para que ouvidorias públicas em agências reguladoras federais possam compor um modelo de governança para a redução de riscos de desastres. Ainda assim, essa possibilidade parece ser pouco explorada, seja pelo não reconhecimento do papel das ouvidorias como ferramenta para a redução de riscos de desastres, seja pela possível falta de sistematização de manifestações sobre o tema, dificultando o seu reconhecimento e tratamento.

Essa segunda possibilidade aponta para uma discussão sobre a capacidade institucional de ouvidorias de fazer o tratamento adequado, uma vez que tenham recebido tais manifestações. Para isso, é preciso observar quem são os possíveis manifestantes, por quais canais essas pessoas entram em contato com as ouvidorias, como é feito o tratamento da manifestação e quais as medidas de proteção e incentivo disponíveis para as pessoas que decidem fazer uma manifestação.

4.2.3 Quem é o manifestante ou quem pode relatar

Diversos são os atores que entram em contato com a administração pública para trazer denúncias, sugestões, reclamações, relatos ou fazer qualquer outro tipo de manifestação.

Quando se olha para a legislação brasileira, é difícil encontrar uma figura precisa para a pessoa manifestante. A própria legislação parece ter dificuldade de estabelecer quem são as pessoas que podem relatar irregularidades, empregando termos como reportantes, denunciantes, informantes, testemunhas ou usuários de serviços públicos de forma pouco criteriosa.[313]

Ademais, há expectativas e garantias diferentes para cada um desses perfis. Conforme aponta a pesquisa do Grupo Público, enquanto a testemunha toma o compromisso de dizer a verdade sobre o que lhe for perguntado no depoimento, respondendo por crime de falso testemunho caso falte com a verdade (Código de

---

[313] Para uma tipologia dos termos empregados na legislação brasileira, *cf.* GRUPO PÚBLICO. *Como viabilizar programas públicos de reportantes contra a corrupção no Brasil?* São Paulo: Fundação Getúlio Vargas, 2020. p. 124.

Processo Penal, Decreto-Lei n. 3.689/1941, art. 203), o informante não pode depor como testemunha, tendo em vista a sua relação com os réus ou os fatos investigados.[314]

Os exemplos internacionais de literatura e legislação sobre o uso de canais de denúncia como ferramenta para a redução de risco de desastres trazem a figura do reportante. Um reportante (ou *whistleblower*, no termo em inglês que também se popularizou no Brasil) é uma pessoa que relata informações qualificadas sobre uma irregularidade ou ilícito, no qual não está envolvida, às autoridades competentes.[315] Em geral, o reportante é ligado à figura da pessoa que tem acesso a tais informações qualificadas a partir da uma relação de trabalho em organizações privadas ou mesmo na administração pública. É, portanto, alguém "de dentro".

Entretanto, a PNSB não traz nenhuma definição ou restrição de quem poderia trazer informações sobre a segurança de barragens. Tendo isso em vista, e considerando as críticas sobre baixa participação pública nas diferentes fases do ciclo de desastres no Brasil, especialmente da população potencialmente atingida, não faz sentido restringir quem pode relatar. É importante considerar a figura do manifestante de forma abrangente, incluindo qualquer pessoa que possa colaborar com informações para a redução de riscos de desastres.

No caso das ouvidorias públicas, o manifestante varia, em grande medida, conforme os públicos potenciais dos serviços prestados pelos órgãos ou entidades a que elas estejam vinculadas.[316] Para as ouvidorias de agências reguladoras, estes serão também os agentes regulados de cada setor.

Entre os possíveis manifestantes citados pelas ouvidorias entrevistadas estão consumidores (E3), cidadãos e sociedade civil em geral, e agentes regulados (E1), o que pode incluir, por exemplo, funcionários de empresas estatais ou privadas e servidores públicos.

No caso dos agentes regulados, pode haver uma obrigação de relatar riscos, fazendo com que estes não sejam considerados reportantes voluntários (E1, E3).

---

[314] *Idem*, p. 125.

[315] *Idem*, p. 122.

[316] OUVIDORIAS.GOV. *Modelo de Maturidade em Ouvidoria Pública*: referencial teórico. Referencial teórico. Disponível em: https://www.gov.br/ouvidorias/pt-br/ouvidorias/modelo-de-maturidade-em-ouvidoria-publica/referencial-teorico. Acesso em: 18 set. 2022.

Em alguns casos, pode haver meios e procedimentos específicos para essa manifestação, como é o exemplo trazido por uma das entrevistas realizadas, que apontou que as manifestações recebidas de agentes regulados não são feitas através dos canais disponibilizados pela ouvidoria, mas por outros canais internos na agência reguladora para acionamento direto da área responsável. Mesmo nesses casos, no entanto, pode haver trabalhadores em empresas reguladas que escolhem entrar em contato com a ouvidoria quando suspeitam de alguma irregularidade ou têm alguma dúvida (E3).

Apesar da amplitude na caracterização da figura do manifestante, entender quem são as pessoas e os grupos que poderiam entrar em contato com ouvidorias públicas para comunicar informações sobre riscos de desastres é importante, pois permite às ouvidorias identificarem as necessidades específicas de proteção e acessibilidade de cada grupo.

Segundo o modelo de maturidade em ouvidorias públicas, o nível otimizado de maturidade inclui rotinas de coleta sistemática de informações acerca dos perfis de pessoas que entram em contato com as ouvidorias, a fim de que sejam utilizadas como insumo para o aprimoramento das unidades, permitindo a produção das ferramentas destinadas a coordenar as interações entre usuários e a ouvidoria.[317]

Tais insumos auxiliam, por exemplo, na construção de medidas de proteção e incentivos adequados, como será discutido posteriormente, mas também ajudam a identificar possíveis gargalos para a participação pública e colaboração de tais manifestantes junto às ouvidorias.

4.2.4 Canais de denúncia e acessibilidade da comunicação com as ouvidorias

O uso de canais de denúncia é uma prática difundida no Brasil desde os anos 1990, principalmente através da popularização de programas de disque-denúncia. Contudo, conforme mencionado anteriormente, a institucionalização de ouvidorias públicas é recente.

---

[317] *Idem.*

As ouvidorias públicas são mecanismos que gerenciam múltiplos canais de denúncia e trabalham a ampliação e difusão do seu uso, inclusive acompanhando inovações tecnológicas, de forma a viabilizar a participação e a comunicação dos cidadãos com a administração pública.

Cada ouvidoria faz uso e gere uma combinação de canais, conforme necessário para o seu escopo de atuação, incluindo *chat* para atendimento pelo *site*; telefone; atendimento por *WhatsApp*; endereço para envio de correspondência física; atendimento presencial; formulários para reclamações e denúncias disponíveis no *site* da agência reguladora; e o uso da ferramenta Fala.BR.

Sobre os canais disponíveis, a ouvidoria da ANA informou, em resposta a pedido de acesso à informação, que, até agosto de 2020, as manifestações eram registradas por meio do Sistema Nacional Informatizado de Ouvidorias (e-Ouv) e Sistema Eletrônico do Serviço de Informação ao Cidadão (e-Sic), pelos e-mails de contato da agência reguladora e da ouvidoria, ou presencialmente na sua sede. Com a implementação do Fala.BR, o registro de manifestações passou a ser disponibilizado por meio dos seguintes canais: Plataforma Fala.BR; área "Fale Conosco" disponível no site institucional da ANA, que faz o redirecionamento para o sistema Fala.BR; pelos e-mails; e presencialmente na sede da agência.

A ouvidoria da ANAC informou, em resposta a pedido de acesso à informação, que utiliza os seguintes canais: número de telefone tridígito; recebimento de correspondência (carta); e-mail; canais na internet; e outros meios não especificados. Destes, os mais utilizados são os canais na internet e o telefone.

Conforme informações fornecidas pela ouvidoria da ANP, em resposta a pedido de acesso à informação, as manifestações podem ser feitas por meio de ligação gratuita, no canal Fale Conosco disponibilizado no site da agência reguladora, por meio da plataforma Fala.BR, ou pelo envio de cartas e e-mails. A ouvidoria informou que, por telefone e pelo Fale Conosco, recebe em média 1600 manifestações mensais. Pelo Fala.BR, recebe em média 340 manifestações mensais. Além disso, em 2021, a ouvidoria recebeu 41 manifestações por meio do 0800 e do Fale Conosco. Cartas e e-mail são enviados "muito raramente" para ANP, tendo a ouvidoria recebido aproximadamente 10 manifestações por esses meios no ano de 2021.

Tendo em vista a multiplicidade de perfis dos possíveis manifestantes que entram em contato com as ouvidorias de agências reguladoras, foi apontado em entrevistas que a manutenção de diferentes canais é necessária para viabilizar o acesso célere às ouvidorias. A esse respeito, ressaltam-se as seguintes falas:

> Na minha opinião, seriam ferramentas que fizessem com que as ouvidorias chegassem cada vez mais perto do usuário final, independe da localização dele na atmosfera do território brasileiro. [...] Quanto mais rápido tem essa chegada na ouvidoria, mais rápido teremos a resolução do problema, porque a ouvidoria recebe essa demanda e, independente se é nossa competência ou não, a gente encaminha para o órgão responsável na maior rapidez possível, a fim de reparar o dano em tempo real. Então, a melhoria dessas ferramentas seria chegar o mais perto dos usuários. [...] E o *QRcode*, nesse sentido, está fazendo as vezes de forma bem eficiente. Ao invés de você pegar o telefone e ligar, você só aponta o *QRcode* e está ali direto com a nossa ouvidoria. E as outras agências acredito que eles tenham também chat, tenham canais de *WhatsApp*, tenham o tridígito, que já facilita mais um pouco o acesso, ao invés do 0800. Então, a meu ver, seria isso, a maior eficiência nessas ferramentas de comunicação com o usuário. (E2)

> Agora que eu acho que, de uns anos para cá, desde 2013, com a lei de acesso, esses canais estão se fortalecendo no público, porque também o nosso público é muito heterogêneo. A gente sempre pensa que todo mundo tem acesso a tudo e isso não é verdade, porque a gente tem locais que a internet não funciona muito bem. Tanto que nós fazemos questão de permanecer com o telefone, porque às vezes é a única forma que o consumidor e o próprio agente econômico têm para se comunicar. Às vezes não tem internet na localidade. (E3)

Nesse sentido, parece já haver uma preocupação com o alcance das ouvidorias de agências reguladoras, considerando não só a acessibilidade dos canais (a dificuldade de acesso a sinal telefônico ou de internet em locais afastados foi mencionada), mas também a acessibilidade geográfica, considerando que pessoas mais distantes dos centros urbanos possam ter maior dificuldade de acesso à informação sobre esses canais e de seu uso. Isso se reflete na manutenção de diferentes canais de denúncia, conforme as necessidades identificadas por cada ouvidoria.

Pensar a acessibilidade de diferentes modalidades de canais é um ponto central para a qualificação de ouvidorias como ferramenta para a participação social.

Quando se fala em governo aberto e iniciativas de fomento à participação popular na administração pública, um tópico frequente de discussão diz respeito aos desafios que o uso de tecnologias pode trazer, considerando principalmente os entraves existentes para o seu uso, como a assimetria de informação, a cultura, a forma de apresentação do conteúdo, a falta de experiência e motivação para o uso, maturidade dos aspectos políticos e culturais da comunidade, além da possível falta de confiança nos dados e informações divulgados.[318]

Uma crítica comum a iniciativas nesse sentido é que elas são frequentemente direcionadas aos cidadãos digitalmente incluídos, que têm fácil acesso à internet e às plataformas ou aos aplicativos por meio dos quais os serviços são oferecidos, além de serem alfabetizados na linguagem necessária para acessar serviços digitais. São, então, subestimados os casos de analfabetismo digital, que são agravados por recortes geracionais, de renda e geografia.[319]

Além disso, caso a ouvidoria seja acessada por grupos que exigem o respeito a protocolos específicos, como pode ser o caso de povos indígenas e povos tradicionais, é importante que ela seja capaz de identificar tais necessidades e endereçá-las.[320]

Portanto, é preciso considerar fatores de acesso e acessibilidade. Assim, a compreensão de quem são os potenciais manifestantes a entrar em contato com as ouvidorias é importante para garantir a adequação e acessibilidade dos próprios canais.

---

[318] SANCHEZ, Cristiane Sinimbu; MARCHIORI, Patricia Zeni. Participação Popular no Contexto das iniciativas de Governo Aberto: revisão sistemática da literatura. *Revista Brasileira de Políticas Públicas e Internacionais – Rppi*, [s.l.], v. 2, n. 2, p. 103-118, 22 dez. 2017. Portal de Periódicos UFPB. p. 115.

[319] AVELINO, Daniel Pitangueira de; POMPEU, João Cláudio; FONSECA, Igor Ferraz da. TD 2624 – Democracia digital: mapeamento de experiências em dados abertos, governo digital e ouvidorias públicas. *Texto Para Discussão*, [s.l.], p. 1-52, 19 jan. 2021. Instituto de Pesquisa Econômica Aplicada – IPEA. p. 19-20.

[320] Sobre parâmetros para a identificação de manifestantes pela Ouvidoria da Fundação Renova no caso do desastre do Rio Doce, e sobre o tratamento adequado a grupos em situação de vulnerabilidade ou que requerem a aplicação de protocolos específicos, *cf.* FUNDAÇÃO GETULIO VARGAS. *Proposta de Categorização Temática das Denúncias da Ouvidoria da Fundação Renova Considerando a Vulnerabilidade e a Centralidade das Pessoas Atingidas.* Rio de Janeiro; São Paulo: FGV, 2021u; FUNDAÇÃO GETULIO VARGAS. *Recomendações para o aprimoramento da Matriz de Criticidade da Ouvidoria da Fundação Renova e Proposta de protocolo para a priorização com base em parâmetros de severidade e vulnerabilidade.* Rio de Janeiro; São Paulo: FGV, 2022; FUNDAÇÃO GETULIO VARGAS. *Parâmetros para a Priorização no Contexto de Desastres com Base em Critérios de Severidade e Vulnerabilidade.* Rio de Janeiro; São Paulo: FGV, 2021s.

4.2.5 Tratamento da manifestação pelas unidades de ouvidoria

Considera-se incluído no tratamento do relato todo o processo desde a recepção da manifestação até a sua conclusão.

Nos termos da LAI, o tratamento da informação é definido como o "conjunto de ações referentes à produção, recepção, classificação, utilização, acesso, reprodução, transporte, transmissão, distribuição, arquivamento, armazenamento, eliminação, avaliação, destinação ou controle da informação" (Lei n. 12.527/2011, art. 4º, V; e Decreto n. 7.724/2012, art. 3º, VI).[321]

A efetiva resolução das manifestações dos usuários compreende: (i) recepção da manifestação no canal de atendimento adequado; (ii) emissão de comprovante de recebimento da manifestação; (iii) análise e obtenção de informações, quando necessário; (iv) decisão administrativa final; e (v) ciência ao usuário (Lei n. 13.460/2017, art. 12, parágrafo único), conforme o fluxo a seguir:

Figura 7 – Fluxo do tratamento de manifestações

Fonte: Elaboração própria.

Conforme estabelecido no Decreto n. 9.492/2018, as manifestações feitas a unidades de ouvidoria são apresentadas, preferencialmente, em meio eletrônico, por meio da Plataforma Fala.BR, mantida pela CGU (Decreto n. 10.153/2019, art. 10º, inciso II), e, na hipótese de recebimento de manifestação por outros meios, cabe à unidade setorial do Sistema de Ouvidoria do Poder Executivo

---

[321] GRUPO PÚBLICO. *Como viabilizar programas públicos de reportantes contra a corrupção no Brasil?* São Paulo: Fundação Getúlio Vargas, 2020. p. 156.

federal promover a sua digitalização e a sua inserção imediata na plataforma (art. 16, caput e §2º).

As manifestações são dirigidas exclusivamente à unidade de ouvidoria do órgão ou entidade responsável (Decreto n. 10.153/2019, art. 4º, caput), cabendo ao órgão e demais agentes públicos que não desempenhem funções na unidade ouvidoria e recebam denúncia de irregularidades praticadas contra a administração pública federal encaminhá-las imediatamente à unidade do Sistema de Ouvidoria do Poder Executivo federal vinculada ao seu órgão ou entidade (Decreto n. 10.153/2019, art. 4º, §3º) e orientar o manifestante sobre a necessidade de que o seu relato seja encaminhado por meio do Sistema de Ouvidoria (Decreto n. 10.153/2019, art. 4º, §4º).

A recepção de manifestações é uma obrigação da administração pública, não podendo ser recusado o seu recebimento, sob pena de responsabilidade do agente público (Lei n. 13.460/2017, art. 11). Conforme o modelo de maturidade em ouvidorias públicas, o atendimento requer o conhecimento dos procedimentos por toda a equipe que realiza o contato com o público, permitindo a manutenção da qualidade dos serviços ao longo do tempo, uma vez que a permanência do padrão de qualidade contribui para a confiança no mecanismo.[322]

Compete às unidades de ouvidoria a realização dos procedimentos de análise prévia da manifestação, por meio do qual a unidade verifica a existência de requisitos mínimos de autoria, materialidade e relevância, consistindo na fase de habilitação (Decreto n. 10.153/2019, art. 3º, inciso IV; art. 6º-A).

Assim, para o correto tratamento das manifestações, e para garantir o respeito aos direitos de proteção aos manifestantes, se as informações forem insuficientes para a análise da manifestação, cabe às unidades setoriais do Sistema de Ouvidoria do Poder Executivo federal solicitar ao usuário a sua complementação, nos termos do Decreto n. 9.492/2018, art. 18. §2º.

Após a habilitação e encaminhamento pelas ouvidorias, as unidades de apuração realizam a análise dos fatos relatados

---

[322] OUVIDORIAS.GOV. *Modelo de Maturidade em Ouvidoria Pública*: referencial teórico. Referencial teórico. Disponível em: https://www.gov.br/ouvidorias/pt-br/ouvidorias/modelo-de-maturidade-em-ouvidoria-publica/referencial-teorico. Acesso em: 18 set. 2022.

(Decreto n. 10.153/2019, art. 3º, inciso V; art. 6º-B). A análise das manifestações deve observar a eficiência e a celeridade, visando a sua efetiva resolução (Lei n. 13.460/2017, art. 12, caput).

Algumas ouvidorias que compõem este estudo apresentam particularidades para o encaminhamento interno e externo, em especial quanto ao tratamento de manifestações relacionadas a desastres.

Segundo a ouvidoria da ANM, eventuais manifestações comunicando risco de desastre são repassadas à gerência técnica na agência reguladora responsável pelo tema, que faz sua análise e informa à ouvidoria quais providências irá tomar e quais são as medidas necessárias no caso, incluindo possíveis vistorias. Essas informações são repassadas ao manifestante por meio da plataforma Fala.BR.

Uma ouvidoria indicou em entrevista que existe um sistema de outro órgão do setor que funciona como centro de investigação e prevenção de acidentes, sendo também responsável pelo recebimento de relatos sobre o risco de desastres (E1). Outra entrevista indicou fazer o encaminhamento interno na agência reguladora para a superintendência de fiscalização, ou para autoridade externa (E2), conforme o conteúdo da manifestação.

Tomando como exemplo o processo de tratamento informado pela ouvidoria da ANAC, por ser o mais detalhado dentre os processos relatados pelas agências reguladoras estudadas, o tratamento dado às manifestações é definido no momento da triagem. Caso a manifestação tenha teor de denúncia, o tratamento é feito de acordo com o rito específico para denúncias, por exemplo.

O primeiro passo é a realização da análise preliminar, quando há competência para a atuação da ANAC, para identificar se o relato traz os elementos mínimos para apuração dos fatos. Quando não há elementos mínimos para a apuração, é solicitada uma complementação.

Nos casos em que a competência é de outro órgão, a manifestação é redirecionada, com a tomada das medidas necessárias para a preservação da identidade do manifestante.

O segundo passo do tratamento é a realização da pseudonimização dos dados do manifestante, ou seja, a preservação de qualquer elemento de identificação, antes do envio da manifestação ao órgão apuratório.

O terceiro passo é a coleta de informações junto ao órgão de apuração sobre os procedimentos adotados para repassá-las ao manifestante. Havendo a instauração de procedimento apuratório, o número do protocolo é repassado ao manifestante para permitir o acompanhamento do desfecho do procedimento. No caso de arquivamento, o manifestante é informado sobre os motivos para isso.

A ouvidoria informou também que os processos apuratórios seguem ritos próprios e o tempo de conclusão varia de acordo com a complexidade dos fatos, não havendo dados disponíveis sobre o tempo médio de conclusão e encerramento das manifestações pelo mecanismo.

O modelo de maturidade de ouvidorias públicas observa o direito do usuário de serviços públicos à obtenção de informações sobre a situação da tramitação dos processos administrativos em que figure como interessado (Lei n. 13.460/17, art. 7º), além da ciência sobre a decisão administrativa final (Lei n. 13.460/2017, art. 12, parágrafo único; e art. 16). Dessa forma, uma ouvidoria madura tem meios para possibilitar a rastreabilidade das medidas adotadas em decorrência da manifestação recebida, mantendo rotinas formalmente instituídas de acompanhamento e conclusão.[323]

O modelo também ressalta a importância de mecanismos para o acompanhamento e informação ao manifestante sobre a conclusão de apurações realizadas pelos órgãos competentes, ainda que esta seja, geralmente, uma etapa posterior à conclusão do tratamento da manifestação pela ouvidoria, considerando essa medida fundamental para a credibilidade do canal.[324] Importante também atentar para a adequação do conteúdo e linguagem dessas respostas, uma vez que as ouvidorias acabam funcionando como intermediadoras entre o órgão público e o cidadão.[325]

As ouvidorias entrevistadas reconhecem a importância de haver transparência e clareza sobre o modo de funcionamento dos canais disponíveis, e sobre os resultados do tratamento de uma manifestação feita. Conforme indicado em entrevista:

---

[323] *Idem.*
[324] *Idem.*
[325] *Idem.*

> O cidadão tem que se sentir seguro. Essa é a principal função. E ele tem que ter uma confiança de que algo será feito. Então, a comunicação do resultado da denúncia que ele fez também é um outro elemento muito importante para que incentive e para que ele saiba que ele está fazendo algo que está tendo resultado. [...] A [agência reguladora] já fornece um processo formalmente instaurado. O que é um grande passo. Ele sabe que não foi jogado aquilo, deixado de lado, isso virou um processo e esse processo tem uma existência formal. [...] Mas ele ainda não é informado do resultado. Isso é talvez uma evolução necessária. Ele ter uma resposta de que o seu processo gerou tal ação (uma ação fiscal, uma ação de mitigação de risco, ou de correção, de melhoria). Então eu acho que isso é um elemento importante e que ainda não está implementado (E1).

Ou seja, apesar de reconhecerem a relevância de uma comunicação adequada, as entrevistas apontaram que ainda há um déficit na ciência ao usuário do resultado do tratamento de manifestações. Muitas vezes isso ocorre porque, a proteção de manifestantes pelo anonimato ou sigilo de dados dificulta ou até inviabiliza o contato posterior com a pessoa manifestante (E3). Em geral, essa comunicação só é possível quando a área competente para a apuração gera um protocolo de acompanhamento que pode ser repassado ao manifestante para que este possa retomar o contato com a ouvidoria.

Da mesma forma, foi apontado que a dificuldade de comunicação com o manifestante também reflete na possibilidade complementação dos relatos feitos e, consequentemente, na garantia de proteção ao manifestante.

Outros elementos que requerem aprimoramento no tratamento de manifestações indicados pelas pessoas entrevistadas são: o tempo de resposta, pois entende-se que as manifestações devem ser tratadas rapidamente, sob pena de agravamento da situação de risco, ainda que haja certa flexibilidade pela eventual demora na resposta dos órgãos apuratórios, o que independe das ouvidorias (E1, E3); a existência de políticas claras de não retaliação ao manifestante pelo relato feito; e a garantia de transparência do canal de denúncia.

4.2.6 Medidas de proteção, garantias e incentivos ao manifestante

A discussão sobre proteções e incentivos é importante na medida em que o receio da retaliação em decorrência da manifestação pode fazer com que pessoas que tenham informações relevantes sobre os riscos de um desastre deixem de comunicá-las às autoridades públicas. Assim, é essencial que as medidas de proteção estejam previstas em lei e sejam adequadamente aplicadas, a fim de garantir segurança e previsibilidade ao possível manifestante.

A principal proteção conferida pela legislação brasileira ao manifestante é a proteção da identidade, na forma do anonimato ou do sigilo.

Nesse sentido, a Lei de Acesso à Informação Pública (Lei n. 12.527/2011, art. 31), o seu Regulamento (Decreto n.º 7.724/2012, art. 3º, V); a Lei de Participação do Usuário de Serviços Públicos e seu Regulamento (Lei n. 13.640/2017, art. 10, §7º e Decreto n. 9.492/2018, art. 24); a Lei do Disque-Denúncia (Lei n. 13.608/2018, art. 4º-B) e as alterações trazidas pela Lei n. 13.964/2019; a Lei Geral de Proteção de Dados (Lei n. 13.709/2018, art. 2º, IV); o Decreto de Compartilhamento de Dados na Administração Pública Federal (Decreto n. 10.046/2019, art. 3º, V); e o Decreto de Proteção à Identidade dos Denunciantes (Decreto n. 10.153/2019, art. 6º) reafirmam expressamente a proteção da informação pessoal que possa identificar ou levar à identificação da pessoa manifestante. Isso abrange a proteção do nome, do endereço e de quaisquer outros elementos de identificação pessoal, inclusive com a garantia de pseudonimização no compartilhamento de dados pelos órgãos e entidades da administração pública.[326]

A importância da proteção da identidade dos manifestantes também foi reafirmada em entrevistas, tendo em vista o recebimento de manifestações vindas de funcionários de empresas reguladas que estariam em potencial risco de sofrer retaliação (E1).

Uma questão importante diz respeito à proteção do conteúdo da manifestação, que, em tese, difere da proteção à identidade do manifestante, ainda que, por vezes, elementos do conteúdo da manifestação possam contribuir para a sua identificação.

No modelo de maturidade em ouvidorias públicas, reitera-se o disposto no Decreto n. 10.153/2019 (art. 4º, §3º) e, de forma semelhante, na Resolução n. 3/2019 da Rede Nacional de Ouvidorias, quanto

---

[326] GRUPO PÚBLICO. *Como viabilizar programas públicos de reportantes contra a corrupção no Brasil?* São Paulo: Fundação Getúlio Vargas, 2020. p. 200.

à previsão de não dar publicidade ao conteúdo da manifestação ou a elemento de identificação do manifestante.[327]

Conforme apontado pelo Grupo Público, entretanto, não há disciplina clara sobre a reserva das informações apresentadas na manifestação. Contudo, o sigilo da informação recebida pode se enquadrar em uma das situações de imprescindibilidade à segurança da sociedade ou do Estado indicadas no art. 23 da LAI. A respeito do tema dessa pesquisa, ressalta-se a hipótese de classificação de informações que coloquem em risco a vida, a segurança ou a saúde da população (inc. III).[328]

O principal avanço trazido pela reforma da Lei n. 13.608/2018 foi a ampliação de garantias ao manifestante para além da proteção à identidade, incluindo: (i) proteção integral contra retaliações e isenção de responsabilização civil ou penal em relação ao relato, caso o relato seja considerado razoável, exceto se o manifestante tiver apresentado, de modo consciente, informações ou provas falsas (Lei n. 13.608/2018, art. 4º-A, parágrafo único); (ii) preservação de sua identidade, a qual apenas será revelada em caso de relevante interesse público ou interesse concreto para a apuração dos fatos (Lei n. 13.608/2018, art. 4º-B), mediante comunicação prévia e concordância formal (Lei n. 13.608/2018, art. 4º-B, parágrafo único); (iii) aplicação das medidas previstas na Lei n. 9.807/1999[329] e proteção contra ações ou omissões praticadas em retaliação ao exercício do direito de relatar, tais como demissão arbitrária, alteração injustificada de funções ou atribuições, imposição de sanções, de prejuízos remuneratórios ou materiais de qualquer espécie, retirada de benefícios, diretos ou indiretos, ou negativa de fornecimento de referências profissionais positivas (Lei n. 13.608/2018, art. 4º-C); (iv) configuração de falta disciplinar grave pela prática de ações ou omissões de retaliação ao reportante e sujeição do agente à demissão a bem do serviço público (Lei n. 13.608/2018, art.

---

[327] OUVIDORIAS.GOV. *Modelo de Maturidade em Ouvidoria Pública*: referencial teórico. Referencial teórico. Disponível em: https://www.gov.br/ouvidorias/pt-br/ouvidorias/modelo-de-maturidade-em-ouvidoria-publica/referencial-teorico. Acesso em: 18 set. 2022.

[328] GRUPO PÚBLICO. *Como viabilizar programas públicos de reportantes contra a corrupção no Brasil?* São Paulo: Fundação Getúlio Vargas, 2020. p. 156 – 157.

[329] BRASIL. *Lei n. 9.807, de 13 de julho de 1999.* Estabelece normas para a organização e a manutenção de programas especiais de proteção a vítimas e a testemunhas ameaçadas, institui o Programa Federal de Assistência a Vítimas e a Testemunhas Ameaçadas e dispõe sobre a proteção de acusados ou condenados que tenham voluntariamente prestado efetiva colaboração à investigação policial e ao processo criminal.

4º-C, §1º); (v) ressarcimento em dobro por eventuais danos materiais causados por ações ou omissões praticadas em retaliação, sem prejuízo de danos morais (Lei n. 13.608/2018, art. 4º-C, §2º); e (vi) possibilidade de fixação de recompensa em favor do manifestante em até 5% do valor recuperado quando as informações disponibilizadas resultarem em recuperação de produto de crime contra a administração pública (Lei n. 13.608/2018, art. 4º-C, §3º).

As possíveis medidas de proteção previstas na Lei de Proteção às Vítimas e Testemunhas (Lei n. 9.807/1999) incluem, entre outras: segurança na residência, incluindo o controle de telecomunicações; escolta e segurança nos deslocamentos da residência, inclusive para fins de trabalho ou para a prestação de depoimentos; transferência de residência ou acomodação provisória em local compatível com a proteção; preservação da identidade, imagem e dados pessoais; ajuda financeira mensal para prover as despesas necessárias à subsistência individual ou familiar, no caso de a pessoa protegida estar impossibilitada de desenvolver trabalho regular ou de inexistência de qualquer fonte de renda; suspensão temporária das atividades funcionais, sem prejuízo dos respectivos vencimentos ou vantagens, quando servidor público ou militar; apoio e assistência social, médica e psicológica; sigilo em relação aos atos praticados em virtude da proteção concedida; apoio do órgão executor do programa para o cumprimento de obrigações civis e administrativas que exijam o comparecimento pessoal (art. 7º).

Ressalta-se, ainda, que, uma vez que é garantida a proteção integral ao reportante (art. 4º-A, *parágrafo único*) e o texto do art. 4º-C, *caput*, enfatiza o caráter exemplificativo da listagem, a previsão das medidas de proteção da Lei n. 13.608/2018 não é taxativa. Ainda assim, como alerta a pesquisa do Grupo Público, medidas de proteção expressas em lei têm mais peso e podem ser tomadas como base de cálculo pelo manifestante para decidir se relata, ou não.[330]

Apesar da ampliação de hipóteses de medidas de proteção na lei, foi ressaltado em entrevistas que a proteção dos manifestantes ainda é dada, principalmente, por políticas que garantia de anonimato ou sigilo da sua identidade e do conteúdo da manifestação

---

[330] GRUPO PÚBLICO. *Como viabilizar programas públicos de reportantes contra a corrupção no Brasil?* São Paulo: Fundação Getúlio Vargas, 2020. p. 189.

(E3). Parece haver, portanto, uma lacuna entre o que é previsto e o que é suficientemente regulamentado de forma a permitir a aplicação direta.

Considerando novamente a multiplicidade de atores que podem entrar em contato com as ouvidorias de agências reguladoras e a sensibilidade de manifestações a respeito de risco de desastres, é importante pensar em possíveis perfis de proteção ao relato e aos manifestantes conforme as possibilidades de retaliação que essas pessoas possam sofrer em decorrência do relato. Idealmente, portanto, as medidas de proteção devem ser aderentes às necessidades do caso concreto.

A proteção à identidade do manifestante e as medidas previstas na Lei n. 9.807/1999 são modalidades de proteção pessoal ao manifestante,[331] podendo ser aplicadas a qualquer pessoa que venha a entrar em contato com as ouvidorias trazendo uma informação sobre situação de risco, seja de um agente regulado de determinado setor que identifica uma irregularidade, seja uma pessoa de uma comunidade no entorno de um empreendimento que identifica uma situação de risco, por exemplo.

No caso das demais medidas de proteção previstas pela Lei n. 13.608/2018 percebe-se um caráter funcional,[332] [333] ou seja, tais medidas buscam evitar ou reparar prejuízos sofridos no ambiente ou nas relações de trabalho em decorrência do relato feito. Para esses casos, parece mais apropriado o entendimento de que elas seriam aplicáveis aos agentes regulados conforme as particularidades do funcionamento de cada setor, sejam esses agentes públicos ou privados.

Considerando, portanto, os possíveis manifestantes em dois grupos, para fins de simplificação, incluindo agentes regulados e

---

[331] Para uma tipologia das medidas de proteção previstas pela Lei n. 13.608/2018, *cf.* GRUPO PÚBLICO. *Como viabilizar programas públicos de reportantes contra a corrupção no Brasil?* São Paulo: Fundação Getulio Vargas, 2020. p. 188-189.

[332] *Idem, Ibidem.*

[333] Pode se dizer que a Lei n. 13.608/2018 se inspira no modelo de programas de reportantes (*whistleblowing*), que está ligado à ideia do reportante que tem informações privilegiadas em decorrência de uma relação de trabalho, tendo em vista uma posição que o indivíduo ocupa dentro da instituição e que lhe dá acesso a dados privilegiados, fora do alcance de instituições externas de controle. Em decorrência disso, legislações sobre reportantes costumam considerar o direito à proteção do relato como um direito do trabalhador, como é o caso da legislação britânica, *cf.* NATIONAL AUDIT OFFICE. *Government whistleblowing policies.* London: 2014. p. 7.

sociedade civil, as medidas de proteção previstas poderiam ser entendidas da seguinte forma:

Quadro 5 – Medidas de proteção conforme o perfil do manifestante

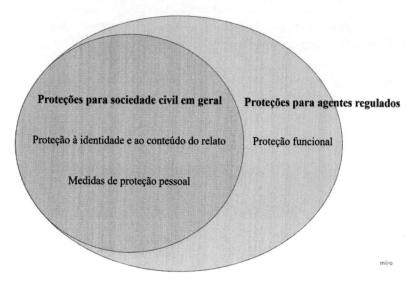

Fonte: Elaboração própria.

Por fim, ressalta-se que, somente a partir da habilitação da manifestação, as garantias contra retaliações às quais o manifestante tem direito podem ser aplicadas pela CGU (Decreto n. 10.153/2019, art. 6º-C). Tais garantias incluem: (i) o recebimento e apuração de denúncias relativas às práticas de retaliação contra o manifestante praticadas por agentes públicos e a instauração e julgamento de processos para responsabilização administrativa resultantes de tais apurações (Decreto n. 10.153/2019, art. 10º, inciso III); (ii) a adoção ou determinação, de ofício, de medidas de proteção previstas no caput do art. 4º-C da Lei n. 13.608/2018 (Decreto n. 10.153/2019, art. 10º, inciso IV); (iii) a suspensão dos atos administrativos praticados em retaliação ao direito de relatar (Decreto n. 10.153/2019, art. 10º, inciso V); e (iv) a edição de atos administrativos com vistas à proteção do manifestante (Decreto n. 10.153/2019, art. 10º, inciso VI).

Cabe a ressalva de que isso pode significar uma fragilidade na proteção ao manifestante, na medida em que, caso uma denúncia não passe da fase de habilitação por ausência de elementos de materialidade que permitam o início da apuração, mas o manifestante já esteja sofrendo ou tenha sofrido algum tipo de retaliação em função do relato feito, as garantias previstas na lei não são prontamente aplicáveis. Nesse sentido, foi indicado em entrevista a falta de políticas claras de não retaliação ao manifestante pelo relato feito (E1).

4.3 Possibilidades e desafios para a atuação de ouvidorias públicas como estratégia de redução de risco de desastres

Apesar do recorte deste estudo sobre o papel das ouvidorias públicas na redução do risco de desastres, os temas e questões levantados são transversais e podem ser aplicados à discussão sobre ouvidorias públicas como um todo. Da mesma forma, considera-se que os apontamentos apresentados a seguir sobre o aprimoramento desses mecanismos podem ser extrapolados à atuação das ouvidorias públicas no geral.

A necessidade de aprimoramento dos serviços regulados e do próprio sistema de ouvidorias públicas é premissa do modelo de maturidade em ouvidorias públicas. Para isso, ressalta-se a importância do controle social e da transparência destes mecanismos sobre o seu desempenho e atuação.[334]

Um primeiro passo para a garantia da transparência é a elaboração e disponibilização anual pelas ouvidorias públicas de relatório de gestão consolidando informações sobre a sua atuação, incluindo dados como o número, motivo e providências tomadas a partir das manifestações recebidas, além da análise de pontos recorrentes que permitam o apontamento de falhas e sugestão de melhorias na prestação de serviços públicos (Lei n. 13.460/2017, arts. 14 e 15; Decreto n. 9.492/2018, art. 10, inciso VI).

Tais relatórios fizeram parte da análise documental desta pesquisa, sendo parte importante para a compreensão da ocorrência

---

[334] OUVIDORIAS.GOV. *Modelo de Maturidade em Ouvidoria Pública*: referencial teórico. Referencial teórico. Disponível em: https://www.gov.br/ouvidorias/pt-br/ouvidorias/modelo-de-maturidade-em-ouvidoria-publica/referencial-teorico. Acesso em: 18 set. 2022.

de manifestações sobre riscos de desastres por esses mecanismos. Apesar disso, a busca por relatórios de gestão das ouvidorias das agências reguladoras revelou que esses materiais nem sempre são de fácil acesso ou são elaborados regularmente. A ouvidoria da ANA disponibiliza relatórios anuais de gestão para os anos de 2014 a 2021.[335] A ANAC disponibiliza em seu site os Relatórios de Gestão de Atividades semestrais e anuais desde o primeiro semestre de 2007.[336] A ANP disponibiliza também os relatórios anuais para os anos de 2019 e 2020.[337] A ANM disponibiliza relatórios para os meses entre outubro de 2021 e março de 2022, além do relatório anual de 2021.[338] O site da ANTAQ disponibiliza relatórios anuais de ouvidoria referentes aos anos de 2015 a 2021,[339] relatório de enquetes do conselho de usuários de serviços públicos da ANTAQ referente ao ano de 2021, e relatórios de pedidos de acesso à informação referentes aos anos de 2013 a 2021. Por fim, a ANTT disponibiliza relatórios anuais desde 2002 a 2021 no site.[340] No caso da ANEEL, não foram encontrados os relatórios anuais.

Além disso, os relatórios encontrados carecem de padronização das informações disponibilizadas para que possam viabilizar a comparabilidade entre as unidades de ouvidoria, e frequentemente deixam de fornecer análises da própria ouvidoria quanto à recorrência de manifestações, apontamento de falhas ou de possibilidades de melhoria. Em alguns casos, os relatórios são de difícil compreensão e visualização.

---

[335] AGÊNCIA NACIONAL DE ÁGUAS E SANEAMENTO BÁSICO (ANA). *Relatório anual SIC*. Disponível em: https://www.gov.br/ana/pt-br/acesso-a-informacao/servicos-de-informacao-ao-cidadao-sic/colecao-relatorio-anual-sic. Acesso em: 29 ago. 2022.

[336] AGÊNCIA NACIONAL DE AVIAÇÃO CIVIL (ANAC). *Relatórios*. Disponível em: https://www.gov.br/anac/pt-br/canais_atendimento/ouvidoria/arquivos/relatorios. Acesso em: 29 ago. 2022.

[337] AGÊNCIA NACIONAL DO PETRÓLEO, GÁS NATURAL E BIOCOMBUSTÍVEIS (ANP). *Ouvidoria*. Disponível em: https://www.gov.br/anp/pt-br/composicao/ouvidoria. Acesso em: 2 set. 2022.

[338] AGÊNCIA NACIONAL DE MINERAÇÃO (ANM). *Relatórios de Ouvidoria*. Disponível em: https://www.gov.br/anm/pt-br/canais_atendimento/ouvidoria/relatorios-da-ouvidoria-1. Acesso em: 29 ago. 2022.

[339] AGÊNCIA NACIONAL DE TRANSPORTES AQUAVIÁRIOS (ANTAQ). *Ouvidoria*. Disponível em: https://www.gov.br/antaq/pt-br/canais_atendimento/ouvidoria. Acesso em: 1 set. 2022.

[340] AGÊNCIA NACIONAL DE TRANSPORTES TERRESTRES (ANTT). *Ouvidoria*. Disponível em: https://www.gov.br/antt/pt-br/canais-atendimento/ouvidoria. Acesso em: 1 set. 2022.

A disponibilização de relatórios de gestão serve, primeiramente, a um propósito de transparência e viabilização do controle externo pela sociedade civil e por demais órgãos da administração pública do seu funcionamento e do funcionamento das agências reguladoras mencionadas.

Adicionalmente, permite o aprimoramento contínuo das atividades da ouvidoria, por meio da observação de padrões que possam ser otimizados. Extrapolando para além das ouvidorias, a sistematização e análise dos dados pode ser um instrumento valioso para o aprendizado institucional e aprimoramento da atuação das agências reguladoras.

Em última instância, a transparência quanto à atuação das ouvidorias pode ser um fator relevante também para a confiança no mecanismo por parte de possíveis manifestantes que busquem entender o seu funcionamento ao avaliar a possibilidade de submeter uma manifestação (E1).

Dessa forma, permanece um espaço para aprimoramento da transparência nas ouvidorias das agências reguladoras federais analisadas.

Outros pontos dizem respeito especificamente ao objeto de investigação desta pesquisa, qual seja, o papel de ouvidorias em agências reguladoras federais de infraestrutura como medida não estrutural de redução de risco de desastres.

O recorte desta pesquisa extrapolou o previsto na PNSB de que ANA, ANEEL e ANM deveriam manter canais para o recebimento de denúncias e informações a respeito de riscos de desastres envolvendo barragens para incluir outras agências reguladoras e, consequentemente, outros tipos de desastres envolvendo infraestrutura. Para as demais agências reguladoras, no entanto, o dever de manter canais para a identificação e tratamento de manifestações sobre riscos não é uma obrigação explícita no ordenamento jurídico.

Ainda que tais manifestações possam ser enquadradas como informações sobre ato ou omissão lesivo ao interesse público, nos termos da Lei n. 13. 608/2018, é possível que a falta de previsão expressa seja um dos fatores que levem a um baixo reconhecimento das ouvidorias quanto ao seu próprio papel na governança para a redução de risco de desastres. O mesmo pode acontecer em relação à sociedade, que ainda não enxerga nas ouvidorias o papel que elas podem exercer na redução de riscos de desastres.

No caso da população, isso pode ser influenciado pelas já citadas barreiras à participação na administração, mas também pelo baixo conhecimento sobre a existência desses mecanismos, sobre as suas competências e escopo de atuação. Nesse sentido, interessante ressaltar o seguinte trecho de entrevista:

> Eu acho que tem que ter sim um aprimoramento de tudo. Eu acho que a gente está, de qualquer maneira, o país inteiro com esse trabalho das ouvidorias e das agências reguladoras, eu acho que a gente vai tentando ampliar o conhecimento do que a gente faz. Muita gente não sabe, não tem o conhecimento das agências reguladoras (E3).

Sobre esse tema, o modelo de maturidade em ouvidorias públicas aponta a importância do incentivo à participação dos usuários através da busca ativa de informações. A maturidade de uma ouvidoria é indicada também pela realização institucional, transparente e sistematizada de atividades técnicas, metodológicas e comunicacionais para o engajamento e prospecção de usuários de serviços públicos e gestores públicos.[341] Esses exemplos fazem parte do conjunto de ações de ouvidoria ativa,[342] concepção fundamentada na percepção de que, para além da manutenção de canais convencionais de manifestação, é necessário um esforço governamental para estimular a participação de grupos menos integrados ou para enfatizar temas menos notórios, que podem estar sub representados.[343]

Um exemplo de prática bastante difundida de busca ativa é a divulgação dos canais de denúncia para disseminar o conhecimento sobre a sua existência. Nesse sentido, menciona-se a Lei n. 13.608/2018 que, ilustrando essa preocupação, desde a sua redação original, prevê a obrigação de empresas de transportes terrestres

---

[341] OUVIDORIAS.GOV. *Modelo de Maturidade em Ouvidoria Pública*: referencial teórico. Referencial teórico. Disponível em: https://www.gov.br/ouvidorias/pt-br/ouvidorias/modelo-de-maturidade-em-ouvidoria-publica/referencial-teorico. Acesso em: 18 set. 2022.

[342] Conforme a Portaria n. 581/2021, ações de ouvidoria ativa têm a finalidade de coletar dados e engajar usuários nos canais de participação e controle social (art. 82).

[343] AVELINO, Daniel Pitangueira de; POMPEU, João Cláudio; FONSECA, Igor Ferraz da. TD 2624 – Democracia digital: mapeamento de experiências em dados abertos, governo digital e ouvidorias públicas. *Texto Para Discussão*, [s.l.], p. 1-52, 19 jan. 2021. Instituto de Pesquisa Econômica Aplicada – IPEA. p. 31.

que operam sob concessão da União, dos Estados, do Distrito Federal ou dos Municípios exibirem em seus veículos, em formato de fácil leitura e visualização, a expressão "Disque-Denúncia", com o respectivo número telefônico de acesso gratuito (art. 1º, I).

Por outro lado, percebe-se que mesmo as ouvidorias podem subestimar a sua atuação como mecanismo de redução de riscos de desastres. É possível levantar diversas hipóteses para isso. Em primeiro lugar, conforme já mencionado, isso pode decorrer de uma falta de previsão explícita na legislação brasileira quanto ao seu papel na gestão do risco de desastres.

Além disso, essa percepção pode derivar da própria natureza das ouvidorias, que estão inseridas em um contexto de colaboração com outros órgãos internos e externos às agências reguladoras das quais fazem parte. Conforme se depreende do processo de tratamento de manifestações, a atuação das ouvidorias depende dos órgãos apuratórios e demais áreas responsáveis pela resolução de uma manifestação. Cabe a elas garantirem o recebimento, tratamento e conclusão das manifestações, com garantia de acessibilidade e bom funcionamento do canal, o controle das respostas e a proteção dos manifestantes. Ainda assim, ouvidorias, e canais de denúncia em geral, são vistas, erroneamente, como apenas um meio para a participação na administração pública, que depende da ação conjunta de outros órgãos para o endereçamento de qualquer medida concreta.

Por fim, levanta-se a hipótese de que tal percepção também esteja atrelada à multiplicidade de atores envolvidos na governança para a redução de riscos de desastres criada no Brasil. De acordo com o que foi visto na análise de políticas como a PNPDEC e a PNSB, a governança para desastres envolve atores privados e públicos em diversos níveis federativos, o que pode diminuir clareza quanto às competências e escopo de atuação de cada um.

As ouvidorias públicas também se inserem nesse cenário institucional bastante complexo e, por vezes, para as próprias ouvidorias, as devidas ações de fiscalização e a tomada de medidas concretas para a mitigação do risco vão além do escopo do canal que recebe a informação. Nesse sentido, ressalta-se o que foi apontado em entrevista:

> Toda vez que o cidadão denuncia uma irregularidade, uma prática de risco há um tratamento, esse tratamento chega na unidade que pode

fazer alguma coisa. [...] Tem uma página nossa que fala sobre segurança operacional. Essa segurança operacional é o que a gente chama de operar com segurança. Ela tem todos os elementos que dão segurança [ao setor]. Então é importante dar uma olhadinha só para você ter noção que o canal de denúncia está lá dentro, é uma partezinha, mas tem todo um sistema por trás da segurança da [agência reguladora]. [...] A agência está em terceiro lugar do mundo, segundo lugar do mundo em segurança operacional. A gente está quase há mais de 10 anos sem um grande acidente, sem um grande desastre. Acidente [...] sempre vai ocorrer. [...] Tem uma margenzinha que sempre vai ter caso de acidente. Mas desastre [no setor], que geralmente é o que mais preocupa, nós estamos há vários anos, me parece mais de dez anos, sem nenhum acidente grave. Por conta não do canal de denúncia, por conta de todo esse sistema, desse programa de segurança que a [agência reguladora] desenvolve junto com as outras agências do mundo. São programas internacionais (E1).

Reconhecer que as ouvidorias públicas estão entre os muitos atores da governança para redução de rico de desastres não significa deslegitimar ou reduzir o seu papel. Cabe às ouvidorias garantirem que o mecanismo seja acessível, legítimo, confiável, transparente, seguro e responsivo para que as pessoas possam utilizá-lo para relatar situações de risco. Por outro lado, é necessário garantir a coordenação das instituições competentes para que as medidas estruturais e não estruturais necessárias para a redução dos riscos sejam tomadas tempestivamente.

O modelo de maturidade em ouvidoria pública ressalta que a articulação e coordenação entre instituições é uma estratégia importante para ampliar a eficiência da máquina pública e a superação de dificuldades encontradas pelas ouvidorias públicas no exercício de suas atribuições.[344] Essa articulação pode acontecer, inclusive, através da incorporação de procedimentos de atuação conjunta, que podem variar desde simples encaminhamentos de manifestações entre unidades até a execução de ações compartilhadas no processo de elaboração da resposta final.[345] Para isso, no entanto, seria importante garantir que as competências de cada um dos atores envolvidos nesse sistema sejam claras e objetivamente estabelecidas.

---

[344] OUVIDORIAS.GOV. *Modelo de Maturidade em Ouvidoria Pública*: referencial teórico. Referencial teórico. Disponível em: https://www.gov.br/ouvidorias/pt-br/ouvidorias/modelo-de-maturidade-em-ouvidoria-publica/referencial-teorico. Acesso em: 18 set. 2022.
[345] *Idem*.

CONCLUSÃO

Este trabalho buscou entender qual o papel de ouvidorias em agências reguladoras federais de infraestrutura para a redução de riscos de desastres no Brasil.

Partiu-se da hipótese de que ouvidorias podem representar uma ferramenta para o fortalecimento da governança para a gestão de desastres através da participação e de controle social, constituindo uma medida não estrutural de redução de riscos.

Nesse caminho, um primeiro passo foi compreender o que são desastres e como o Brasil regulamenta a redução de riscos dentro do conceito de ciclo de desastres, a partir do qual se entende que é possível agir sobre os riscos antes que eles se concretizem.

Ainda que exista um dissenso na literatura sobre a possibilidade e a conveniência disso, a legislação brasileira reconhece a importância de agir sobre riscos, prevendo, por exemplo, mecanismos de avaliação e mitigação. Este é o exemplo da exigência de licenciamento ambiental ou da construção de planos de emergência que estabeleçam previamente as medidas de mitigação aos possíveis impactos de determinada atividade.

As medidas para a redução de riscos de desastres podem ser estruturais (principalmente ligadas ao reforço da infraestrutura) ou não estruturais (ligadas à governança e gestão de riscos). Entende-se que o fortalecimento de medidas estruturais e não estruturais são complementares e igualmente importantes para uma estratégia efetiva de redução de riscos de desastres.

Ainda assim, a relevância dessas últimas foi reconhecida apenas mais recentemente, com o fortalecimento da regulação sobre riscos de desastres. Esse processo teve reflexos principalmente em instrumentos internacionais, mas também é possível verificar a adoção crescente de medidas de governança para a redução de riscos no direito brasileiro. A ideia é criar estratégias e agir sobre os riscos antes que eles se concretizem.

Apesar disso, na prática, a tônica parece seguir nas ações de resposta e reparação de desastres, seja do ponto de vista de medidas estruturais, com a maior parte dos recursos públicos sendo destinadas a ações de resposta de reconstrução, seja do ponto de vista não estrutural, com a regulamentação evoluindo de maneira reativa aos desastres que ocorreram nas últimas décadas no país.

Sobre esse processo de regulamentação, menciona-se como a ocorrência de desastres decorrentes de enchentes e deslizamentos de terra, por exemplo, foi um fator relevante no processo de criação e fortalecimento da Defesa Civil no Brasil e da construção da Política Nacional de Proteção e Defesa Civil (PNPDEC), enquanto a recorrência de desastres envolvendo barragens, em especial barragens de rejeitos de mineração, influenciou a edição e a reforma da Política Nacional de Segurança de Barragens (PNSB).

Muitas das medidas discutidas na literatura sobre desastres foram, em maior ou menor grau, previstas na legislação brasileira. Contudo, a ressalva de que a mera previsão em normas não é suficiente para demonstrar uma maior proteção a desastres é necessária. Uma vez que o cenário de vulnerabilidade a desastres segue uma realidade no Brasil, tais medidas parecem ser insuficientes.

Nesse contexto, uma aposta da literatura segue no sentido do aumento e da qualificação da participação na regulação, tendo em vista um diagnóstico de déficit na colaboração de agentes externos à administração pública na construção e na implementação de estratégias para a redução de riscos.

A literatura propõe, por exemplo, ferramentas como a autorregulação, a fiscalização, o monitoramento e também do uso de canais de denúncia.

A PNSB prevê o uso de canais de denúncia como uma das ferramentas para a redução do risco de desastres envolvendo barragens no Brasil.

Conforme visto, há mais de 30 órgãos envolvidos direta ou indiretamente na fiscalização de barragens no Brasil, no entanto, ressalta-se a fiscalização feita por três agências reguladoras federais de infraestrutura: ANA, ANEEL e ANM.

Para fins deste estudo, além dessas agências reguladoras incluídas na PNSB, estendeu-se a investigação para outras ouvidorias de agências reguladoras de infraestrutura, incluindo também ANAC, ANTAQ, ANTT e ANP.

A escolha pelo recorte privilegia as ouvidorias em agências reguladoras federais em detrimento de outros órgãos, como órgãos ambientais estaduais, por exemplo, que poderiam ser objeto deste estudo. Essa opção foi feita tendo em vista que as agências reguladoras federais, dentro do seu setor de atuação, têm abrangência nacional. Além disso, considerou-se o papel institucional dessas agências na promoção de interesses públicos difusos e da participação na administração pública de agentes que não têm representação no aparelho estatal.

Apesar do recorte, entende-se que as questões trazidas sobre o papel das ouvidorias em agências reguladoras são extrapoláveis para ouvidorias em outros órgãos, na medida em que as escolhas metodológicas feitas não restringem os resultados observados às ouvidorias incluídas.

Sobre o uso de canais de denúncia como ferramenta para a redução de riscos de desastres, conclui-se que, ainda que exista previsão legal na PNSB para o caso específico da segurança de barragens, a implementação dessa estratégia ainda é incipiente.

É preciso considerar que a reforma na PNSB que introduziu a previsão de canais de denúncia como forma de identificar previamente riscos em barragens é bastante recente, tendo sido incluída na lei somente em 2020.

De forma semelhante, as ouvidorias públicas passaram por um processo bastante recente de desenvolvimento de um modelo de maturidade e aprimoramento. O histórico das ouvidorias públicas no Brasil revela que, ainda que ouvidorias possam ser consideradas um meio de participação e controle social, a sua implementação de forma pouco ordenada e esparsa em diferentes experiências pelo território nacional demonstra indícios de um modelo ainda tímido na implementação.

Isso se reflete nos resultados da pesquisa sobre a possibilidade de uso de ouvidorias públicas como ferramentas para a redução do risco de desastres.

A identificação de manifestações relacionadas a riscos de desastres nas ouvidorias apresenta algumas dificuldades. Em primeiro lugar, na falta de uma previsão legal expressa nesse sentido, é possível que as próprias ouvidorias de agências reguladoras não entendam esses temas como parte do seu escopo de atuação, entendam esse escopo como subsidiário, ou não considerem que a recepção e o tratamento de manifestações fazem parte do seu papel de auxílio à fiscalização de entes regulados.

Isso também é corroborado pelo cenário institucional complexo da governança para gestão de desastres criada pela legislação brasileira, no qual as competências e as responsabilidades de atores públicos e privados não é sempre clara. Tornar tais competências mais claras e aprimorar a coordenação e a colaboração dos atores que compõem essa governança parece ser necessário para uma redução de riscos de desastres mais eficiente no Brasil.

Em segundo lugar, na medida em que não há uma padronização da forma como as manifestações são classificadas pelas ouvidorias, é possível que tais manifestações existam, mas não sejam identificadas adequadamente.

Em terceiro, há dificuldades para a participação na regulação que vão além das ouvidorias. Tais dificuldades são agravadas por um quadro ainda incipiente e pouco claro quanto às proteções e às garantias disponíveis às pessoas que buscam as ouvidorias, o que pode gerar incerteza e baixa confiança nesses mecanismos. As boas práticas em canais de denúncias e ouvidorias indicam a necessidade de promoção da confiança para que as pessoas se sintam seguras em compartilhar informações sem correr o risco de sofrer retaliação.

Esse cenário, aliado a uma possível falta de clareza para a sociedade quanto ao papel desses mecanismos e do seu escopo de atuação, também pode interferir na efetividade do uso de ouvidorias como ferramenta para a redução do risco de desastres. A atenção aos parâmetros de modelos de maturidade poderia ser um passo importante para o incentivo ao seu uso.

Por fim, cabe a ressalva de que a análise realizada, antes de indicar uma ineficiência ou impossibilidade do uso de ouvidorias e canais de denúncia como ferramenta para a redução do risco de desastres no Brasil, aponta para um déficit na implementação dos preceitos normativos e regulatórios existentes. Ainda assim, as ouvidorias apresentam como diferencial a oportunidade de promover a participação na regulação.

Reconhecer que as ouvidorias públicas estão entre os muitos atores da governança para gestão de desastres, e que a aposta em canais de denúncia como medida não estrutural de redução de riscos de desastres ainda não foi plenamente concretizada, não significa deslegitimar ou reduzir o papel desses mecanismos.

Cabe às ouvidorias garantirem que os canais disponíveis sejam acessíveis, legítimos, confiáveis, transparentes, seguros e responsivos para que as pessoas possam utilizá-los para relatar situações de risco.

Por outro lado, é necessário garantir que medidas concretas sejam tomadas frente a um relato sobre risco de desastres. Para isso, se faz necessária a coordenação das instituições competentes para que as medidas estruturais e não estruturais cabíveis sejam tomadas tempestivamente.

A identificação de gargalos na estruturação e na atuação desses mecanismos é um primeiro passo para alcançar a maturidade em ouvidorias e o cumprimento do seu potencial como medida para a redução de riscos de desastres no Brasil.

REFERÊNCIAS

AGÊNCIA NACIONAL DE ÁGUAS E SANEAMENTO BÁSICO (ANA). *Quem fiscaliza*: confira quem são os fiscalizadores de segurança de barragens. Confira quem são os fiscalizadores de Segurança de Barragens. Disponível em: https://www.snisb.gov.br/portal-snisb/quem-fiscaliza. Acesso em: 8 fev. 2023.

AGÊNCIA NACIONAL DE ÁGUAS E SANEAMENTO BÁSICO (ANA). *Relatório anual do SIC - Quantitativo de demandas no período de Janeiro/2021 a Dezembro/2021*. 2021. Disponível em: https://www.gov.br/ana/pt-br/todos-os-documentos-do-portal/documentos-cor/relatorios-sic/relatorio-anual-do-sic-quantitativo-de-demandas-no-periodo-de-janeiro2021-a-dezembro2021.pdf/view. Acesso em: 29 ago. 2022.

AGÊNCIA NACIONAL DE ÁGUAS E SANEAMENTO BÁSICO (ANA). *Relatório anual SIC*. Disponível em: https://www.gov.br/ana/pt-br/acesso-a-informacao/servicos-de-informacao-ao-cidadao-sic/colecao-relatorio-anual-sic. Acesso em: 29 ago. 2022.

AGÊNCIA NACIONAL DE ÁGUAS E SANEAMENTO BÁSICO (ANA). *Relatório de Segurança de Barragens*. Brasília: ANA, 2022. Disponível em: https://www.snisb.gov.br/relatorio-anual-de-seguranca-de-barragem/2021/rsb-2021.pdf. Acesso em: 26 fev. 2023.

AGÊNCIA NACIONAL DE AVIAÇÃO CIVIL (ANAC). *Relatório de Gestão e Atividades - 2021*. 2022. Disponível em: https://www.gov.br/anac/pt-br/canais_atendimento/ouvidoria/arquivos/relatorios/Relatorio_Gestao_Atividades_Ouvidoria_2021.pdf/view. Acesso em: 29 ago. 2022.

AGÊNCIA NACIONAL DE AVIAÇÃO CIVIL (ANAC). *Relatórios*. Disponível em: https://www.gov.br/anac/pt-br/canais_atendimento/ouvidoria/arquivos/relatorios. Acesso em: 29 ago. 2022.

AGÊNCIA NACIONAL DE MINERAÇÃO (ANM). *III Relatório Anual de Segurança de Barragens de Mineração 2021*. Brasília: ANM, 2022.

AGÊNCIA NACIONAL DE MINERAÇÃO (ANM). *Relatórios de Ouvidoria*. Disponível em: https://www.gov.br/anm/pt-br/canais_atendimento/ouvidoria/relatorios-da-ouvidoria-1. Acesso em: 29 ago. 2022.

AGÊNCIA NACIONAL DE MINERAÇÃO (ANM). *Resolução nº 13, de 08 de agosto de 2019*. Estabelece medidas regulatórias objetivando assegurar a estabilidade de barragens de mineração, notadamente aquelas construídas ou alteadas pelo método denominado "a montante" ou por método declarado como desconhecido e dá outras providências.

AGÊNCIA NACIONAL DE MINERAÇÃO (ANM). *Resolução nº 32, de 11 de maio de 2020*. Altera a Portaria nº 70.389, de 17 de maio de 2017 e dá outras providências.

AGÊNCIA NACIONAL DE MINERAÇÃO (ANM). *Resolução nº 4, de 15 de fevereiro de 2019*. Estabelece medidas regulatórias cautelares objetivando assegurar a estabilidade de barragens de mineração, notadamente aquelas construídas ou alteadas pelo método denominado "a montante" ou por método declarado como desconhecido.

AGÊNCIA NACIONAL DE TRANSPORTES AQUAVIÁRIOS (ANTAQ). *Ouvidoria - Relatório Anual de 2021 – Edição jan-mar/2022*. 2022. Disponível em: https://www.gov.br/antaq/pt-br/canais_atendimento/RELATORIO_DE_OUVIDORIA_2021 _ARTE_FINAL.pdf. Acesso em: 1 set. 2022.

AGÊNCIA NACIONAL DE TRANSPORTES AQUAVIÁRIOS (ANTAQ). *Ouvidoria*. Disponível em: https://www.gov.br/antaq/pt-br/canais_atendimento/ouvidoria. Acesso em: 1 set. 2022.

AGÊNCIA NACIONAL DE TRANSPORTES TERRESTRES (ANTT). *Ouvidoria*. Disponível em: https://www.gov.br/antt/pt-br/canais-atendimento/ouvidoria. Acesso em: 1 set. 2022.

AGÊNCIA NACIONAL DE TRANSPORTES TERRESTRES (ANTT). *Relatório Anual da Ouvidoria*. 2021. Disponível em: https://www.gov.br/antt/pt-br/canais-atendimento/ouvidoria/relatorio_anual_-ouvidoria_2021.pdf. Acesso em: 1 set. 2022.

AGÊNCIA NACIONAL DO PETRÓLEO, GÁS NATURAL E BIOCOMBUSTÍVEIS (ANP). *Portaria nº 265, de 10 de setembro de 2020*. Estabelece o Regimento Interno da Agência Nacional do Petróleo, Gás Natural e Biocombustíveis - ANP.

AGÊNCIA NACIONAL DO PETRÓLEO, GÁS NATURAL E BIOCOMBUSTÍVEIS (ANP). *Relatório Anual 2020 – Ouvidoria ANP*. 2020. Disponível em: https://www.gov.br/anp/pt-br/centrais-de-conteudo/relatorioanualouvidoria2020.pdf. Acesso em: 2 set. 2022.

AGÊNCIA NACIONAL DO PETRÓLEO, GÁS NATURAL E BIOCOMBUSTÍVEIS (ANP). *Ouvidoria*. Disponível em: https://www.gov.br/anp/pt-br/composicao/ouvidoria. Acesso em: 2 set. 2022.

AGÊNCIA NACIONAL DO PETRÓLEO, GÁS NATURAL E BIOCOMBUSTÍVEIS (ANP). *Portaria nº 265, de 10 de setembro de 2020*. Estabelece o Regimento Interno da Agência Nacional do Petróleo, Gás Natural e Biocombustíveis - ANP.

ASSEMBLEIA GERAL DAS NAÇÕES UNIDAS. *Resolução nº 2717(XXV) sobre a Assistência em casos de Desastres Naturais*, de 15 de dezembro de 1970.

ASSEMBLEIA GERAL DAS NAÇÕES UNIDAS. *Resolução nº 42/169, de 11 de dezembro de 1987*.

ASSEMBLEIA GERAL DAS NAÇÕES UNIDAS. *Resolução nº 46/182, de 19 de dezembro de 1991*.

ASSEMBLEIA GERAL DAS NAÇÕES UNIDAS. *Resolução nº 54/219, de 03 de fevereiro de 2000*.

AVELINO, Daniel Pitangueira de; POMPEU, João Cláudio; FONSECA, Igor Ferraz da. TD 2624 - Democracia digital: mapeamento de experiências em dados abertos, governo digital e ouvidorias públicas. *Texto Para Discussão*, [s.l.], p. 1-52, 19 jan. 2021. Instituto de Pesquisa Econômica Aplicada - IPEA. Disponível em: http://dx.doi.org/10.38116/td2624. Acesso em: 29 jul. 2021.

BANCO MUNDIAL. Global Facility for Disaster Reduction and Recovery. Fundação de Amparo à Pesquisa e Extensão Universitária. Universidade Federal de Santa Catarina. Centro de Estudos e Pesquisas em Engenharia e Defesa Civil. *Relatório de danos materiais e prejuízos decorrentes de desastres naturais no Brasil: 1995 – 2019* / Banco Mundial. Global Facility for Disaster Reduction and Recovery. Fundação de Amparo à Pesquisa e Extensão Universitária. Centro de Estudos e Pesquisas em Engenharia e Defesa Civil. [Organização Rafael Schadeck] 2. ed. Florianópolis: FAPEU, 2020.

REFERÊNCIAS | 155

BLACK, Julia. Learning from Regulatory Disasters. *LSE Law, Society and Economy Working Papers*, London, v. 1, n. 24, p. 1-18, 2014.

BRASIL. Constituição (1988). *Constituição da República Federativa do Brasil*. Brasília, DF: Senado Federal, 1988.

BRASIL. *Decreto Legislativo nº 6, de 20 de março de 2020*. Reconhece, para os fins do art. 65 da Lei Complementar nº 101, de 4 de maio de 2000, a ocorrência do estado de calamidade pública, nos termos da solicitação do Presidente da República encaminhada por meio da Mensagem nº 93, de 18 de março de 2020.

BRASIL. *Decreto nº 10.153, de 03 de dezembro de 2019*. Dispõe sobre as salvaguardas de proteção à identidade dos denunciantes de ilícitos e de irregularidades praticados contra a administração pública federal direta e indireta e altera o Decreto nº 9.492, de 5 de setembro de 2018.

BRASIL. *Decreto nº 10.160, de 9 de dezembro de 2019*. Institui a Política Nacional de Governo Aberto e o Comitê Interministerial de Governo Aberto.

BRASIL. *Decreto nº 10.593 de 24 de dezembro de 2020*. Dispõe sobre a organização e o funcionamento do Sistema Nacional de Proteção e Defesa Civil e do Conselho Nacional de Proteção e Defesa Civil e sobre o Plano Nacional de Proteção e Defesa Civil e o Sistema Nacional de Informações sobre Desastres.

BRASIL. *Decreto nº 10.890, de 09 de dezembro de 2021*. Altera o Decreto nº 9.492, de 5 de setembro de 2018, e o Decreto nº 10.153, de 3 de dezembro de 2019, para dispor sobre a proteção ao denunciante de ilícitos e de irregularidades praticados contra a administração pública federal direta e indireta.

BRASIL. *Decreto nº 11.219, de 5 de outubro de 2022*. Regulamenta o art. 1º-A, o art. 3º, o art. 4º, o art. 5º e o art. 5º-A da Lei nº 12.340, de 1º de dezembro de 2010, para dispor sobre as transferências obrigatórias de recursos financeiros da União aos Estados, ao Distrito Federal e aos Municípios para a execução de ações de prevenção em áreas de risco de desastres e de resposta e recuperação em áreas atingidas por desastres. Os procedimentos a serem adotados para as transferências de recursos da União são atualmente regulamentados nas Portarias nº 3.033, nº 3.036 e nº 3.040 de 4 de dezembro de 2020.

BRASIL. *Decreto nº 9.492, de 5 de setembro de 2018*. Regulamenta a Lei nº 13.460, de 26 de junho de 2017, que dispõe sobre participação, proteção e defesa dos direitos do usuário dos serviços públicos da administração pública federal, institui o Sistema de Ouvidoria do Poder Executivo federal, e altera o Decreto nº 8.910, de 22 de novembro de 2016, que aprova a Estrutura Regimental e o Quadro Demonstrativo dos Cargos em Comissão e das Funções de Confiança do Ministério da Transparência, Fiscalização e Controladoria-Geral da União.

BRASIL. *Decreto nº 9.723, de 11 de março de 2019*. Altera o Decreto nº 9.094, de 17 de julho de 2017, o Decreto nº 8.936, de 19 de dezembro de 2016, e o Decreto nº 9.492, de 5 setembro de 2018, para instituir o Cadastro de Pessoas Físicas - CPF como instrumento suficiente e substitutivo da apresentação de outros documentos do cidadão no exercício de obrigações e direitos ou na obtenção de benefícios e regulamentar dispositivos da Lei nº 13.460, de 26 de junho de 2017.

BRASIL. *Decreto nº 9.903, de 8 de julho de 2019*. Altera o Decreto nº 8.777, de 11 de maio de 2016, que institui a Política de Dados Abertos do Poder Executivo federal, para dispor sobre a gestão e os direitos de uso de dados abertos.

BRASIL. *Lei nº 12.334 de 20 de setembro de 2010*. Estabelece a Política Nacional de Segurança de Barragens destinadas à acumulação de água para quaisquer usos, à disposição final ou temporária de rejeitos e à acumulação de resíduos industriais, cria o Sistema Nacional de Informações sobre Segurança de Barragens e altera a redação do art. 35 da Lei nº 9.433, de 8 de janeiro de 1997, e do art. 4º da Lei nº 9.984, de 17 de julho de 2000.

BRASIL. *Lei nº 12.340, de 1º de dezembro de 2010*. Dispõe sobre as transferências de recursos da União aos órgãos e entidades dos Estados, Distrito Federal e Municípios para a execução de ações de prevenção em áreas de risco de desastres e de resposta e de recuperação em áreas atingidas por desastres e sobre o Fundo Nacional para Calamidades Públicas, Proteção e Defesa Civil; e dá outras providências. (Redação dada pela Lei nº 12.983, de 2014).

BRASIL. *Lei nº 13.460, de 26 de junho de 2017*. Dispõe sobre participação, proteção e defesa dos direitos do usuário dos serviços públicos da administração pública.

BRASIL. *Lei nº 13.575, de 26 de dezembro de 2017*. Cria a Agência Nacional de Mineração (ANM); extingue o Departamento Nacional de Produção Mineral (DNPM); altera as Leis n º 11.046, de 27 de dezembro de 2004, e 10.826, de 22 de dezembro de 2003; e revoga a Lei nº 8.876, de 2 de maio de 1994, e dispositivos do Decreto-Lei nº 227, de 28 de fevereiro de 1967 (Código de Mineração).

BRASIL. *Lei nº 13.608, de 10 de janeiro de 2018*. Dispõe sobre o serviço telefônico de recebimento de denúncias e sobre recompensa por informações que auxiliem nas investigações policiais; e altera o art. 4º da Lei nº 10.201, de 14 de fevereiro de 2001, para prover recursos do Fundo Nacional de Segurança Pública para esses fins.

BRASIL. *Lei nº 13.848, de 25 de junho de 2019*. Dispõe sobre a gestão, a organização, o processo decisório e o controle social das agências reguladoras, altera a Lei nº 9.427, de 26 de dezembro de 1996, a Lei nº 9.472, de 16 de julho de 1997, a Lei nº 9.478, de 6 de agosto de 1997, a Lei nº 9.782, de 26 de janeiro de 1999, a Lei nº 9.961, de 28 de janeiro de 2000, a Lei nº 9.984, de 17 de julho de 2000, a Lei nº 9.986, de 18 de julho de 2000, a Lei nº 10.233, de 5 de junho de 2001, a Medida Provisória nº 2.228-1, de 6 de setembro de 2001, a Lei nº 11.182, de 27 de setembro de 2005, e a Lei nº 10.180, de 6 de fevereiro de 2001.

BRASIL. *Lei nº 13.964, de 24 de dezembro de 2019*. Aperfeiçoa a legislação penal e processual penal.

BRASIL. *Lei nº 14.066, de 30 de setembro de 2020*. Altera a Lei nº 12.334, de 20 de setembro de 2010, que estabelece a Política Nacional de Segurança de Barragens (PNSB), a Lei nº 7.797, de 10 de julho de 1989, que cria o Fundo Nacional do Meio Ambiente (FNMA), a Lei nº 9.433, de 8 de janeiro de 1997, que institui a Política Nacional de Recursos Hídricos, e o Decreto-Lei nº 227, de 28 de fevereiro de 1967 (Código de Mineração).

BRASIL. *Lei nº 8.876, de 02 de maio de 1994*. Autoriza o Poder Executivo a instituir como Autarquia o Departamento Nacional de Produção Mineral (DNPM), e dá outras providências.

BRASIL. *Lei nº 9.427, de 26 de dezembro de 1996*. Institui a Agência Nacional de Energia Elétrica - ANEEL, disciplina o regime das concessões de serviços públicos de energia elétrica e dá outras providências.

BRASIL. *Lei nº 9.605, de 12 de fevereiro de 1998*. Dispõe sobre as sanções penais e administrativas derivadas de condutas e atividades lesivas ao meio ambiente, e dá outras providências.

BRASIL. *Lei nº 9.807, de 13 de julho de 1999.* Estabelece normas para a organização e a manutenção de programas especiais de proteção a vítimas e a testemunhas ameaçadas, institui o Programa Federal de Assistência a Vítimas e a Testemunhas Ameaçadas e dispõe sobre a proteção de acusados ou condenados que tenham voluntariamente prestado efetiva colaboração à investigação policial e ao processo criminal.

BRASIL. *Lei nº 9.984, de 17 de julho de 2000.* Dispõe sobre a criação da Agência Nacional de Águas e Saneamento Básico (ANA), entidade federal de implementação da Política Nacional de Recursos Hídricos, integrante do Sistema Nacional de Gerenciamento de Recursos Hídricos (Singreh) e responsável pela instituição de normas de referência para a regulação dos serviços públicos de saneamento básico. (Redação dada pela Lei nº 14.026, de 2020).

BRASIL. *Medida Provisória nº 547, de 11 de outubro de 2011.* Altera a Lei nº 6.766, de 19 de dezembro de 1979; a Lei nº 10.257, de 10 de julho de 2001, e a Lei nº 12.340, de 1º de dezembro de 2010.

BRASIL. *Medida Provisória nº 789, de 25 de julho de 2017.* Altera a Lei nº 7.990, de 28 de dezembro de 1989, e a Lei nº 8.001, de 13 de março de 1990, para dispor sobre a Compensação Financeira pela Exploração de Recursos Minerais.

BRASIL. *Medida Provisória nº 790, de 25 de julho de 2017.* Altera o Decreto-Lei nº 227, de 28 de fevereiro de 1967 - Código de Mineração, e a Lei nº 6.567, de 24 de setembro de 1978, que dispõe sobre regime especial para exploração e aproveitamento das substâncias minerais que especifica e dá outras providências.

BRASIL. *Medida Provisória nº 791, de 25 de julho de 2017.* Cria a Agência Nacional de Mineração e extingue o Departamento Nacional de Produção Mineral.

BRASIL. Ministério da Gestão e da Inovação em Serviços Públicos. *Governo Digital*: Estratégias e políticas digitais. Disponível em: https://www.gov.br/governodigital/pt-br/estrategias-e-politicas-digitais. Acesso em: 28 jan. 2023.

BRASIL. Tribunal de Contas da União (TCU). *Acórdão nº 240/2015.* Plenário. Relator: Raimundo Carreiro. Sessão 11/02/2015.

CÂMARA DOS DEPUTADOS. *Projeto de Lei nº 1130, de 26 de fevereiro de 2019.* Altera a Lei nº 12.334, de 20 de setembro de 2010 (que estabelece a Política Nacional de Segurança de Barragens - PNSB), para obrigar o órgão fiscalizador a instalar e manter serviço de disque-denúncia e para corresponsabilizar a alta direção de empreendimentos minerários pela segurança de barragens de rejeito.

CÂMARA DOS DEPUTADOS. *Projeto de Lei nº 1181/2003.* Estabelece diretrizes para verificação da segurança de barragens de cursos de água para quaisquer fins e para aterros de contenção de resíduos líquidos industriais.

CAPPI, R. A "teorização fundamentada nos dados": um método possível na pesquisa empírica em Direito. In: Machado, Maíra Rocha (Org.). *Pesquisar empiricamente o direito.* São Paulo: Rede de Estudos Empíricos em Direito, 2017.

CARVALHO, Délton Winter de; DAMACENA, Fernanda dalla Libera. Teoria Geral dos Desastres. In: CARVALHO, Délton Winter de; DAMACENA, Fernanda dalla Libera. *Direito dos desastres.* Porto Alegre: Livraria do Advogado Editora, 2013. Cap. 1. p. 19-65.

CASSALI, Nina Koja. Desastres Ambientais: regulação e métodos de compensação. *Revista de Direito da Empresa e dos Negócios*, São Leopoldo, v. 2, n. 1, p. 107-126, 30 dez. 2017.

COMMONWEALTH OMBUDSMAN. *Public Interest Disclosure*. Disponível em: https://www.ombudsman.gov.au/Our-responsibilities/making-a-disclosure. Acesso em: 29 jul. 2021.

COMPANHIA AMBIENTAL DO ESTADO DE SÃO PAULO (CETESB). *Emergências químicas*. Disponível em: https://cetesb.sp.gov.br/emergencias-quimicas/. Acesso em: 16 fev. 2023.

CONSELHO NACIONAL DO MEIO AMBIENTE (CONAMA). *Resolução CONAMA nº 237, de 19 de dezembro de 1997*. Dispõe sobre a revisão e complementação dos procedimentos e critérios utilizados para o licenciamento ambiental.

CONTROLADORIA-GERAL DA UNIÃO (CGU). *Painel Resolveu?* Disponível em: http://paineis.cgu.gov.br/resolveu/index.htm. Acesso em: 20 out. 2022.

CONTROLADORIA-GERAL DA UNIÃO (CGU). *Portaria nº 581, de 9 de março de 2021*. Estabelece orientações para o exercício das competências das unidades do Sistema de Ouvidoria do Poder Executivo federal, instituído pelo Decreto nº 9.492, de 5 de setembro de 2018, dispõe sobre o recebimento do relato de irregularidades de que trata o caput do art. 4º-A da Lei nº 13.608, de 10 de janeiro de 2018, no âmbito do Poder Executivo federal, e dá outras providências.

CORPORAÇÃO FINANCEIRA INTERNACIONAL. *Padrões de Desempenho sobre Sustentabilidade Socioambiental*. IFC: 2012. Disponível em: https://www.ifc.org/wps/wcm/connect/f2679b79-e082-4bc9-ae04-e5dbee83791d/PS_Portuguese_2012_Full-Document.pdf?MOD=AJPERES&CVID=jSD0tSw. Acesso em: 27 fev. 2023.

COUTINHO, Sonia Maria Viggiani *et al*. Envolvimento e parceria: governança e a participação social na gestão de riscos e desastres. *In*: Samia Nascimento Sulaiman (Org.). *GIRD+10*: caderno técnico de gestão integrada de riscos e desastres. Brasília: Ministério do Desenvolvimento Regional: Secretaria Nacional de Proteção e Defesa Civil, 2021.

CRISTÓVAM, José Sérgio da Silva; HAHN, Tatiana Meinhart. Administração Pública Orientada por Dados: governo aberto e infraestrutura nacional de dados abertos. Revista de Direito Administrativo e Gestão Pública, [s.l.], v. 6, n. 1, p. 1, 19 ago. 2020. Conselho Nacional de Pesquisa e Pós-graduação em Direito - CONPEDI. Disponível em: http://dx.doi.org/10.26668/indexlawjournals/2526-0073/2020.v6i1.6388. Acesso em: 29 jul. 2021.

DEPARTAMENTO NACIONAL DE PRODUÇÃO MINERAL (DNPM). *Portaria nº 416, de 03 de setembro de 2012*. Cria o Cadastro Nacional de Barragens de Mineração e dispõe sobre o Plano de Segurança, Revisão Periódica de Segurança e Inspeções Regulares e Especiais de Segurança das Barragens de Mineração conforme a Lei nº 12.334, de 20 de setembro de 2010, que dispõe sobre a Política Nacional de Segurança de Barragens.

DEPARTAMENTO NACIONAL DE PRODUÇÃO MINERAL (DNPM). *Portaria nº 526, de 09 de dezembro de 2013*. Estabelece a periodicidade de atualização e revisão, a qualificação do responsável técnico, o conteúdo mínimo e o nível de detalhamento do Plano de Ação de Emergência das Barragens de Mineração (PAEBM), conforme art. 8º, 11 e 12 da Lei nº 12.334, de 20 de setembro de 2010, que estabelece a Política Nacional de Segurança de Barragens (PNSB), e art. 8º da Portaria nº 416, de 3 de setembro de 2012.

DIAS, Maria Tereza Fonseca; FRATTARI, Rafhael. Novo Marco Legal do Setor Mineral: avanços e retrocessos das propostas legislativas contemporâneas de alteração do código minerário brasileiro. *Revista Brasileira de Filosofia do Direito*, [s.l.], v. 6, n. 1, p. 173, 18 ago. 2020. Conselho Nacional de Pesquisa e Pós-graduação em Direito - CONPEDI. Disponível em: http://dx.doi.org/10.26668/indexlawjournals/2526-012x/2020.v6i1.6708. Acesso em: 29 jul. 2021.

DOWNER, John. 737-Cabriolet: the limits of knowledge and the sociology of inevitable failure. *American Journal of Sociology*, Chicago, v. 117, n. 3, p. 725-762, nov. 2011. Disponível em: https://www.jstor.org/stable/10.1086/662383. Acesso em: 3 mar. 2022.

FARIAS ABU-EL-HAJ, G. Aplicação de regulação responsiva e redes de governança na regulação da segurança de barragens de rejeitos de mineração no Brasil. *Journal of Law and Regulation*, [s.l.], v. 6, n. 1, p. 68-98, 2020. Disponível em: https://periodicos.unb.br/index.php/rdsr/article/view/31232. Acesso em: 3 mar. 2022.

FASTERLING, Björn; LEWIS, David. Leaks, legislation and freedom of speech: how can the law effectively promote public-interest whistleblowing? *International Labour Review*, Genebra, v. 153, n. 1, p. 71-92, 2014.

FLOURNOY, Alyson; SHAPIRO, Sidney; ANDREEN, William; MCGARITY, Thomas; GOODWIN, James. *The BP Catastrophe*: when hobbled law and hollow regulation leave americans unprotected. *Center For Progressive Reform White Paper*, Washington, DC, p. 1-36, jan. 2011.

FUNDAÇÃO GETULIO VARGAS. *Parâmetros para a Priorização no Contexto de Desastres com Base em Critérios de Severidade e Vulnerabilidade*. Rio de Janeiro; São Paulo: FGV, 2021s.

FUNDAÇÃO GETULIO VARGAS. *Parâmetros para uma Abordagem Baseada em Direitos Humanos para a Resposta e Reconstrução de Desastres Envolvendo Empresas*. Rio de Janeiro; São Paulo: FGV, 2019.

FUNDAÇÃO GETULIO VARGAS. *Proposta de Categorização Temática das Denúncias da Ouvidoria da Fundação Renova Considerando a Vulnerabilidade e a Centralidade das Pessoas Atingidas*. Rio de Janeiro; São Paulo: FGV, 2021u.

FUNDAÇÃO GETULIO VARGAS. *Recomendações para o aprimoramento da Matriz de Criticidade da Ouvidoria da Fundação Renova e Proposta de protocolo para a priorização com base em parâmetros de severidade e vulnerabilidade*. Rio de Janeiro; São Paulo: FGV, 2022.

G1 MINAS. *Executivos da Vale receberam e-mail anônimo sobre barragens no 'limite' duas semanas antes de desastre em Brumadinho, diz jornal*. Belo Horizonte: 05/11/2019. Disponível em: https://g1.globo.com/mg/minas-gerais/noticia/2019/11/05/executivos-da-vale-receberam-e-mail-anonimo-sobre-barragens-no-limite-2-semanas-antes-de-desastre-em-brumadinho-diz-jornal.ghtml. Acesso em: 20 ago. 2021.

GRAINNE DE BURCA, Robert O. Keohane; SABEL, Charles F. Global Experimentalist Governance. *British Journal of Political Science*, v. 44, p. 477, 2014.

GRUPO PÚBLICO. *Como viabilizar programas públicos de reportantes contra a corrupção no Brasil?* São Paulo: Fundação Getulio Vargas, 2020. 257 p.

HAINES, Fiona. Regulatory Failures and Regulatory Solutions: a characteristic analysis of the aftermath of disaster. *Law & Social Inquiry*, [s.l.], v. 34, n. 1, p. 31-60, 2009. Cambridge University Press (CUP). Disponível em: http://dx.doi.org/10.1111/j.1747-4469.2009.01138.x. Acesso em: 29 jul. 2021.

INSTITUTO BRASILEIRO DO MEIO AMBIENTE E DOS RECURSOS NATURAIS RENOVÁVEIS (IBAMA). *Instrução Normativa IBAMA nº 15, de 06 de outubro de 2014*. Instituir o Sistema Nacional de Emergências Ambientais - Siema, ferramenta informatizada de comunicação de acidentes ambientais, visualização de mapas interativos e geração de dados estatísticos dos acidentes ambientais registrados pelo IBAMA.

INSTITUTO BRASILEIRO DO MEIO AMBIENTE E DOS RECURSOS NATURAIS RENOVÁVEIS (IBAMA). *Sobre o Licenciamento Ambiental Federal*. Disponível em: http://www.ibama.gov.br/laf/sobre-o-licenciamento-ambiental-federal. Acesso em: 27 fev. 2023.

INSTITUTO DE PESQUISA ECONÔMICA APLICADA (IPEA). *Ouvidoria pública brasileira: reflexões, avanços e desafios* / organizadores: Ronald do Amaral Menezes, Antonio Semeraro Rito Cardoso. Brasília: Ipea, 2016. 231 p.

JURUENA, Cynthia Gruendling; RECK, Janriê Rodrigues. Relação dicotômica entre Estado e mercado? uma análise da lei de liberdade econômica à luz da Constituição. *Revista Quaestio Iuris*, [s.l.], v. 14, n. 4, p. 1001-1038, 10 nov. 2021. Universidade de Estado do Rio de Janeiro. Disponível em: http://dx.doi.org/10.12957/rqi.2021.55464. Acesso em: 29 jul. 2021.

MINISTÉRIO DA INTEGRAÇÃO E DO DESENVOLVIMENTO REGIONAL. *Portaria nº 2.216, de 4 de julho de 2023*. Define procedimentos para o envio de alertas à população sobre a possibilidade de ocorrência de desastres, em articulação com os órgãos e entidades estaduais, distritais e municipais de proteção e defesa civil, e para utilização do sistema Interface de Divulgação de Alertas Públicos (IDAP).

MINISTÉRIO DA INTEGRAÇÃO NACIONAL. *Instrução Normativa nº 1, de 24 de agosto de 2012*. Estabelece procedimentos e critérios para a decretação de situação de emergência ou estado de calamidade pública pelos Municípios, Estados e pelo Distrito Federal, e para o reconhecimento federal das situações de anormalidade decretadas pelos entes federativos e dá outras providências.

MINISTÉRIO DE MINAS E ENERGIA. *Decreto aprova a estrutura regimental e quadro de cargos e funções da Autoridade Nacional de Segurança Nuclear (ANSN)*. Disponível em: https://www.gov.br/secretariageral/pt-br/noticias/2022/julho/decreto-aprova-a-estrutura-regimental-e-quadro-de-cargos-e-funcoes-da-autoridade-nacional-de-seguranca-nuclear-ansn#:~:text=Vinculada%20ao%20Minist%C3%A9rio%20de%20Minas,de%20radia%C3%A7%C3%A3o%20no%20territ%C3%B3rio%20nacional. Acesso em: 27 fev. 2023.

MINISTÉRIO DE MINAS E ENERGIA/DEPARTAMENTO NACIONAL DE PRODUÇÃO MINERAL. *Portaria nº 70.389, de 17 de maio de 2017*. Cria o Cadastro Nacional de Barragens de Mineração, o Sistema Integrado de Gestão em Segurança de Barragens de Mineração e estabelece a periodicidade de execução ou atualização, a qualificação dos responsáveis técnicos, o conteúdo mínimo e o nível de detalhamento do Plano de Segurança da Barragem, das Inspeções de Segurança Regular e Especial, da Revisão Periódica de Segurança de Barragem e do Plano de Ação de Emergência para Barragens de Mineração, conforme art. 8º, 9º, 10, 11 e 12 da Lei nº 12.334 de 20 de setembro de2010, que estabelece a Política Nacional de Segurança de Barragens - PNSB.

MINISTÉRIO DO DESENVOLVIMENTO REGIONAL. *Instrução Normativa nº 36, de 4 de dezembro de 2020*. Estabelece procedimentos e critérios para o reconhecimento federal e para declaração de situação de emergência ou estado de calamidade pública pelos municípios, estados e pelo Distrito Federal.

MINISTÉRIO DO DESENVOLVIMENTO REGIONAL. *Portaria nº 3.027, de 4 de dezembro de 2020*. Define procedimentos para o envio de alertas à população sobre a possibilidade de ocorrência de desastres, em articulação com os órgãos e entidades estaduais, distritais e municipais de proteção e defesa civil, e para utilização do sistema Interface de Divulgação de Alertas Públicos para envio de alertas via mensagem de texto (SMS), televisão por assinatura ou plataforma de avisos públicos.

MINISTÉRIO DO DESENVOLVIMENTO REGIONAL. Secretaria Nacional de Proteção e Defesa Civil. Universidade Federal de Santa Catarina. Centro de Estudos e Pesquisas em Engenharia e Defesa Civil. *A P&DC e os 30 anos de desastres no Brasil*: (1991 – 2020) / Ministério do Desenvolvimento Regional, Secretaria Nacional de Proteção e Defesa Civil, Universidade Federal de Santa Catarina, Centro de Estudos e Pesquisas em Engenharia e Defesa Civil. Florianópolis: Fepese, 2022. 64 p.

MINISTÉRIO DO PLANEJAMENTO, DESENVOLVIMENTO E GESTÃO. *Resolução n º 3, de 13 de outubro de 2017*. Aprova as normas sobre elaboração e publicação de Planos de Dados Abertos, conforme disposto no Decreto nº 8.777, de 11 de maio de 2016.

MINITÉRIO PÚBLICO FEDERAL. *Acordo celebrado entre MPF e ANM garante aumento do número de servidores para fiscalizar barragens*. 2023. Disponível em: https://www.mpf. mp.br/mg/sala-de-imprensa/noticias-mg/acordo-celebrado-entre-mpf-e-anm-garante-aumento-do-numero-de-servidores-para-fiscalizar-barragens. Acesso em: 10 abr. 2023.

MOTA MALDONADO, Gabriel; BEDRAN OLIVEIRA, Frederico. Do fomento à regulação: A Agência Nacional de Mineração e a regulação do setor minerário brasileiro. *Journal of Law and Regulation*, [s.l.], v. 6, n. 2, p. 59-82, 2020. Disponível em: https://periodicos.unb. br/index.php/rdsr/article/view/29819. Acesso em: 3 mar. 2022.

NATIONAL AUDIT OFFICE. *Government whistleblowing policies*. London: 2014. Disponível em: https://www.nao.org.uk/wp-content/uploads/2014/01/Government-whistleblowing-policies.pdf. Acesso em: 29 jul. 2021.

NIELSEN, L. B. The need of Multi-Method Approaches in Empirical Legal Research. In: CANE, P.; KRITZER, H. (Ed.) *The Oxford Handbook of Empirical Legal Research*. Oxford: Oxford University Press, 2010.

NOGUEIRA, Fernando Rocha *et al*. Cenários de risco no Brasil: Um panorama atualizado sobre a diversidade nacional. In: Samia Nascimento Sulaiman (Org.). *GIRD+10*: caderno técnico de gestão integrada de riscos e desastres. Brasília: Ministério do Desenvolvimento Regional: Secretaria Nacional de Proteção e Defesa Civil, 2021. p. 52-87.

OLIVEIRA, D. J. S.; CKAGNAZAROFF, I. B. A Transparência como um princípio-chave de Governo Aberto. *Administração Pública e Gestão Social*, [s.l.], v. 14, n. 3, 2022. Disponível em: https://periodicos.ufv.br/apgs/article/view/13300. Acesso em: 28 jan. 2023.

ORGANIZAÇÃO DAS NAÇÕES UNIDAS. Estratégia internacional para a redução de desastres. *Marco de Ação de Hyogo 2005-2015*: Aumento da resiliência das nações e das comunidades frente aos desastres, 2005.

ORGANIZAÇÃO DAS NAÇÕES UNIDAS. *Marco de Sendai para a redução do risco de desastres 2015-2030*, de 18 de março de 2015.

ORGANIZAÇÃO PARA A COOPERAÇÃO E DESENVOLVIMENTO ECONÔMICO (OCDE). *Open Government*: beyond static measures. OCDE: 2009. Disponível em: https://www.oecd.org/gov/46560184.pdf. Acesso em: 27 fev. 2023.

ORGANIZAÇÃO PARA A COOPERAÇÃO E DESENVOLVIMENTO ECONÔMICO (OCDE). *Study on Whistleblower Protection Frameworks, Compendium of Best Practices and Guiding Principles for Legislation*, §68. Disponível em: https://www.oecd.org/corruption/48972967.pdf. Acesso em: 29 jul. 2021.

OUVIDORIA-GERAL DA UNIÃO DA CONTROLADORIA-GERAL DA UNIÃO. Instrução Normativa nº 1, de 05 de novembro de 2014.

OUVIDORIA-GERAL DA UNIÃO. *Resolução nº 3, de 13 de setembro de 2019*. Aprova a Resolução sobre Medidas Gerais de Salvaguarda à Identidade de Denunciantes.

OUVIDORIAS.GOV. *Modelo de Maturidade em Ouvidoria Pública*: referencial teórico. Referencial teórico. Disponível em: https://www.gov.br/ouvidorias/pt-br/ouvidorias/modelo-de-maturidade-em-ouvidoria-publica/referencial-teorico. Acesso em: 18 set. 2022.

PERROW, Charles. *Normal accidents*: living with high-risk technologies. New York: Basic Books, 1984.

PNUD, United Nations Development Programme; IFRC, International Federation of Red Cross and Red Crescent Societies. *Effective law and regulation for disaster risk reduction*: a multi country report. New York: UNDP, 2014.

PODER EXECUTIVO. *Projeto de Lei nº 5.807, de 19 de junho de 2013*. Dispõe sobre a atividade de mineração, cria o Conselho Nacional de Política Mineral e a Agência Nacional de Mineração - ANM, e dá outras providências.

REICHARDT, Fernanda Viegas; SANTOS, Mayara Regina Araújo dos. (In)eficácia do Princípio de Precaução no Brasil. *Estudos Avançados*, [s.l.], v. 33, n. 95, p. 259-270, jan. 2019. FapUNIFESP (SciELO). Disponível em: http://dx.doi.org/10.1590/s0103-4014.2019.3395.0017. Acesso em: 29 jul. 2021.

RIBEIRO, Ludmila Mendonça Lopes; VILAROUCA, Márcio Grijó. Como devo fazer entrevistas? *In:* FEFERBAUM, M.; QUEIROZ, R. M. R. *Metodologia da pesquisa em direito*: técnicas e abordagens para elaboração de monografias, dissertações e teses. 2. ed. São Paulo: Saraiva, 2019.

RODRIGUES, Jondison Cardoso; HAZEU, Marcel Theodoor; NASCIMENTO, Sabrina Mesquita do. Como se Produz Desastres? O Processo de Licenciamento da Barragem de Rejeitos da Hydro Alunorte, em Barcarena, Pará. *Nucleus*, [s.l.], v. 16, n. 2, p. 151-170, 30 out. 2019. Fundação Educational de Ituverava. Disponível em: http://dx.doi.org/10.3738/1982.2278.3590. Acesso em: 29 jul. 2021.

SABEL, Charles; HERRIGEL, Gary; KRISTENSEN, Peer Hull. Regulation under uncertainty: the coevolution of industry and regulation. *Regulation & Governance*, [s.l.], v. 12, n. 3, p. 371-394, 7 jun. 2017. Wiley. Disponível em: http://dx.doi.org/10.1111/rego.12146. Acesso em: 29 jul. 2021.

SANCHEZ, Cristiane Sinimbu; MARCHIORI, Patricia Zeni. Participação Popular no Contexto das iniciativas de Governo Aberto: revisão sistemática da literatura. *Revista Brasileira de Políticas Públicas e Internacionais - Rppi*, [s.l.], v. 2, n. 2, p. 103-118, 22 dez. 2017. Portal de Periodicos UFPB. Disponível em: http://dx.doi.org/10.22478/ufpb.2525-5584.2017v2n2.34564. Acesso em: 29 jul. 2021.

SARAIVA, Rute; SARAIVA, Jorge. A prevenção de desastres. *E-Pública*: Revista Eletrónica de Direito Público, Lisboa, v. 7, n. 2, p. 94-125, set. 2020.

SENADO FEDERAL. *Decreto Legislativo nº 6, de 2020*. Reconhece, para os fins do art. 65 da Lei Complementar nº 101, de 4 de maio de 2000, a ocorrência do estado de calamidade pública, nos termos da solicitação do Presidente da República encaminhada por meio da Mensagem nº 93, de 18 de março de 2020.

SENADO FEDERAL. *Projeto de Lei nº 550, de 07 de fevereiro de 2019*. Altera a Lei nº 12.334, de 20 de setembro de 2010, para reforçar a efetividade da Política Nacional de Segurança de Barragens (PNSB), e a Lei nº 9.433, de 8 de janeiro de 1997, para dotar de novos instrumentos o Conselho Nacional de Recursos Hídricos (CNRH) no exercício de sua atribuição de zelar pela implementação da PNSB.

SENADO FEDERAL. *Senado aprova regras mais rígidas para segurança de barragens*. Brasília: Agência Senado, 3 set. 2020. Disponível em: https://www12.senado.leg.br/noticias/audios/2020/09/senado-aprova-regras-mais-rigidas-para-seguranca-de-barragens. Acesso em: 17 nov. 2021.

SILVA, Romário Stéffano Amaro da; MEDEIROS, Allan Benício Silva de; OLIVEIRA JÚNIOR, Afrânio Pereira; FREITAS NETO, Osvaldo de; SANTOS JÚNIOR, Olavo Francisco dos. Acidentes e incidentes em barragens brasileiras: uma análise dos dados disponíveis nos relatórios de segurança de barragens e da legislação vigente. *Holos*, [s.l.], v. 6, n. 37, p. 1-17, 2021.

SIMONCINI, Marta. Regulating Catastrophic Risks by Standards. *European Journal of Risk Regulation*, [s.l.], v. 2, n. 1, p. 37-50, mar. 2011. Cambridge University Press (CUP). Disponível em: http://dx.doi.org/10.1017/s1867299x0000060x. Acesso em: 29 jul. 2021.

SULAIMAN, Samia Nascimento *et al.* Da teoria à prática: Como evoluíram as visões e as aplicações sobre a Gestão de Riscos e Desastres. In: SULAIMAN, Samia Nascimento (Org.). *GIRD+10*: caderno técnico de gestão integrada de riscos e desastres. Brasília: Ministério do Desenvolvimento Regional: Secretaria Nacional de Proteção e Defesa Civil, 2021.

SUNDFELD, Carlos Ari. *Direito Administrativo para Céticos*. 2. ed. São Paulo: Malheiros, 2014.

SUNDFELD, Carlos Ari. Introdução às agências reguladoras. *In*: SUNDFELD, Carlos Ari (Coord.). *Direito Administrativo Econômico*. São Paulo: Malheiros, 2000. p. 17-38.

SUNDFELD, Carlos Ari; PEREIRA, Gustavo Leonardo Maia. *Lei Geral da Agências*: os avanços na governança regulatória e o que ficou por fazer. *In*: MATTOS, César (Org.). A Revolução Regulatória na Nova Lei das Agências. São Paulo: Singular, 2021.

SUSTEIN, C. R. Para além do princípio da precaução. *Revista de Direito Administrativo*, [s. l.], v. 259, p. 11-71, 2012, p. 11-12. Disponível em: https://bibliotecadigital.fgv.br/ojs/index.php/rda/article/view/8629. Acesso em: 29 jan. 2023.

TINSLEY, Catherine H.; DILLON, Robin L.; MADSEN, Peter M. *How to Avoid Catastrophe*. 2011. Disponível em: https://hbr.org/2011/04/how-to-avoid-catastrophe. Acesso em: 5 ago. 2021.

TRANSPARENCY INTERNATIONAL. *Whistleblowing*. Disponível em: https://www.transparency.org/en/our-priorities/whistleblowing#.

TRIBUNAL DE CONTAS DA UNIÃO (TCU). *Recursos para Gestão de Riscos e Desastres*. Disponível em: https://www.tcu.gov.br/Paineis/_Pub/?workspaceId=77067ac5-ed80-45da-a6aa-c3f3fa7388e5&reportId=8c55a931-25b4-4d71-b645-bef3ab8249fc. Acesso em: 29 jan. 2023.

TRINDADE, A. D. C. Segurança de Barragens de Mineração: um olhar a partir da Teoria da Regulação pelo Interesse Público. *Revista de Direito Setorial e Regulatório*, v. 7, n. 2, p. 1-23, outubro 2021.

TURNER, Barry A. The Organizational and Interorganizational Development of Disasters. *Administrative Science Quarterly*, [s.l.], v. 21, n. 3, p. 378, set. 1976. Disponível em: http://dx.doi.org/10.2307/2391850. Acesso em: 29 jul. 2021.

UNITED NATIONS. General Assembly. Report of the open-ended intergovernmental expert working group on indicators and terminology relating to disaster risk reduction. *A/71/644*. Genebra: UN, 2016.

VAUGHAN, Diane. Rational Choice, Situated Action, and the Social Control of Organizations. *Law & Society Review*, [s.l.], v. 32, n. 1, p. 23-61, 1998.

VIANA, Ana Cristina Aguilar. Transformação digital na Administração Pública: do governo eletrônico ao governo digital. *International Journal of Digital Law*, [s.l.], v. 2, n. 1, p. 29-46, 12 fev. 2021. International Journal of Digital Law. Disponível em: http://dx.doi.org/10.47975/ijdl/1viana. Acesso em: 5 set. 2021.

VILLELA, Hebert de Paula Giesteira *et al*. Participação Social na Implementação Do Compliance Público. *E³*: Revista de Economia, Empresas e Empreendedores na CPLP, Madeira, v. 8, n. 1, p. 45-61, mar. 2022.

VINTEN, Gerald. Whistleblowing towards disaster prevention and management. *Disaster Prevention and Management*: An International Journal, [s.l.], v. 9, n. 1, p. 18-28, mar. 2000. Emerald. Disponível em: http://dx.doi.org/10.1108/09653560010316032. Acesso em: 5 set. 2021.

VOIGT, Stefan. Contrato para a Catástrofe: Legitimação das Constituições de Emergência com Base na Teoria do Contrato Social. *Revista de Direito Público da Economia – RDPE*, Belo Horizonte, ano 19, n. 75, p. 249-278, jul./set. 2021.

WEBLEY, Lisa. *Qualitative Approaches to Empirical Legal Research*. In: Cane, P., Kritzer, H. (Ed.) The Oxford Handbook of Empirical Legal Research. Oxford: Oxford University Press, 2010. p. 926-951.

WORLD CONFERENCE ON NATURAL DISASTER RISK REDUCTION. *Estratégia de Yokohama para um Mundo mais Seguro*. Yokohama, 23-27 de maio de 1994.

XAVIER, José Roberto Franco. Algumas notas sobre a entrevista qualitativa de pesquisa. In: Machado, Maíra Rocha (Org.). *Pesquisar empiricamente o direito*. São Paulo: Rede de Estudos Empíricos em Direito, 2017.

Esta obra foi composta em fonte Palatino Linotype, corpo 10,5
e impressa em papel Offset 75g (miolo) e Supremo 250g (capa)
pela Gráfica Formato.